纳税实务

NA SHUI SHI WU

主　编 ◎ 甘忠广　陈文秀

副主编 ◎ 谢　莉

经济管理出版社

ECONOMY & MANAGEMENT PUBLISHING HOUSE

图书在版编目（CIP）数据

纳税实务/甘忠广，陈文秀主编 . —北京：经济管理出版社，2015.7
ISBN 978 - 7 - 5096 - 3807 - 1

Ⅰ.①纳… Ⅱ.①甘… ②陈… Ⅲ.①纳税—税收管理—中国—中等专业学校—教材
Ⅳ.①F812.423

中国版本图书馆 CIP 数据核字（2015）第 121696 号

组稿编辑：魏晨红
责任编辑：魏晨红　　王格格
责任印制：黄章平
责任校对：车立佳

出版发行：经济管理出版社
　　　　　（北京市海淀区北蜂窝 8 号中雅大厦 A 座 11 层　　100038）
网　　址：www. E - mp. com. cn
电　　话：（010）51915602
印　　刷：北京银祥印刷厂
经　　销：新华书店
开　　本：720mm×1000mm/16
印　　张：10.75
字　　数：205 千字
版　　次：2015 年 7 月第 1 版　　2015 年 7 月第 1 次印刷
书　　号：ISBN 978 - 7 - 5096 - 3807 - 1
定　　价：38.00 元

目　　录

项目一　企业涉税概览

任务一　企业纳税种类认知

情景引例

武强即将从中职学校税务事务专业毕业,今天是他到海华公司顶岗实习的第一天,财务科赵科长安排武强在税务会计岗位跟随郝师傅实习。

郝师傅:武强,你知道企业要缴纳的税种主要有哪些吗?

武强:我知道有增值税、营业税、所得税,其他还有……不知道了!

你能告诉武强吗?

知识链接

企业涉及的税收种类主要有增值税、营业税、消费税、企业所得税、关税、个人所得税六大税种及城市维护建设税、城镇土地使用税、房产税、印花税、车船税等小税种。

一、我国现行税制开征的税种

我国现行税制主要始于 1994 年的工商税制改革,目前开征的税种共有 18 个,具体情况如表 1 - 1 所示:

表 1 - 1　我国目前开征税种

税种	中央税	地方税	中央、地方共享税	备注
增值税	√		√	海关代征的增值税、铁道部门集中缴纳的增值税为中央固定收入,其他为中央、地方共享,中央分享75%,地方分享25%

续表

税种	中央税	地方税	中央、地方共享税	备注
消费税	√			含海关代征的消费税，2009 年起含燃油税
营业税	√	√		各银行总行、各保险公司等集中缴纳的营业税，为中央固定收入，其他为地方固定收入
关税	√			海关征收
企业所得税	√		√	铁道部、各银行总行及海洋石油企业缴纳的企业所得税为中央收入，其他企业所得税为中央、地方共享，分享比例为中央 60%，地方 40%
个人所得税	√		√	个人所得税中对储蓄存款利息所得征收收入归中央收入，其余部分为中央、地方共享，分享比例为中央 60%，地方 40%
土地增值税		√		
资源税		√		海洋石油企业缴纳的资源税为中央收入，其他资源税为地方收入
城镇土地使用税		√		从 2007 年 1 月 1 日起，对涉外企业和个人征收
房产税		√		
车船税		√		
契税		√		
车辆购置税	√			
印花税		√	√	证券交易印花税 97% 归中央，3% 归地方，其他印花税归地方
耕地占用税		√		
城市维护建设税	√	√		铁道部、各银行总行、各保险公司等集中缴纳的城市维护建设税为中央固定收入，其他为地方收入
烟叶税		√		2006 年 4 月 28 日实施
船舶吨税		√		

二、企业涉税的税种

不同的企业涉及的税种有所不同，可将企业涉税的税种按照共同性和特殊性划分为：各行业共同涉及的税种、行业必须涉及的税种和行业可能涉及的税种，如表 1-2 所示：

表 1-2　企业涉税税种情况一览表

行业	行业必须涉及的税种		行业可能涉及的税种		各行业可能共同涉及的税种	各行业共同涉及的税种及征税对象
	税种	征税对象	税种	征税对象		
工业企业	增值税	销售货物、进口货物、应税劳务和应税服务	消费税	生产应税消费品	房产税（涉外企业除外）、土地增值税、关税、耕地占用税、土地使用税、车船税、车辆购置税	1. 企业所得税：应纳所得税额 2. 城建税、教育费附加（涉外企业除外）：增值税 消费税 营业税 3. 印花税：账簿、合同、权利许可证照 4. 个人所得税：代扣代缴
			营业税	营业税应税劳务、转让无形资产、销售不动产		
商业企业	增值税	销售货物、进口货物和应税劳务	消费税	零售应税金银首饰		
			营业税	营业税应税劳务、转让无形资产、销售不动产		
代理业	营业税	应税劳务				
租赁业	营业税	应税劳务				
旅游业	营业税	应税劳务	增值税			
旅店业	营业税	应税劳务	增值税			
饮食服务业	营业税	应税劳务	消费税	自制啤酒		
文化体育业	营业税	应税劳务				
娱乐业	营业税	应税劳务	消费税	自制啤酒		
邮电通信	增值税	应税劳务				
交通运输业	增值税	应税劳务				
建筑业	营业税	应税劳务	增值税			
房地产开发企业	营业税	销售不动产、转让土地使用权				
采矿企业	资源税	应税资源				
	增值税					
屠宰企业	增值税					

实习手册

武强下班后，将今天的实习内容登记在自己的实习手册中。

实习手册

项　目	记录内容
1. 我国开征的税种有哪些	
2. 不同行业的企业应缴纳的税种有哪些	

记录人：　　　　　　　　　　　　时间：　　　年　　月　　日

任务二　熟悉企业纳税环节

情景引例

了解了企业纳税的税种后，第二天郝师傅又为武强讲解了纳税工作的流程。你想知道吗？

知识链接

企业纳税过程由税务登记、发票的领购和使用、纳税申报、税款的缴纳和减免等环节组成。

一、税务登记

税务登记是指纳税人为履行纳税义务，就有关纳税事宜依法向税务机关办理登记的一种法定手续；反过来也可以说，税务登记是税务机关对纳税人的开业、变更、注销、外出经营报验、停/复业以及生产经营情况进行登记管理的法定程序。

我国现行税务登记制度包括设立（开业）税务登记、变更税务登记、注销税务登记、外出经营报验登记以及停业、复业登记等。

二、发票的领购和使用

发票是指在购销商品、提供或者接受服务以及从事其他经营活动的过程中，开具、收取的收付款凭证。

依法办理税务登记的单位和个人，在领取税务登记证件后，应向主管机关申请领购发票。发票是确定经济收支行为发生的法定凭证，是会计核算的原始依据，因此纳税人必须按照规定领购、开具、保管发票。

三、纳税申报

纳税申报是指纳税人按照税法规定，定期就计算缴纳税款的有关事项向税务机关提交书面报告的法定手续。

纳税人发生纳税义务后，应严格按照税收法律法规的相关规定计算应纳税额，在税务机关核定的纳税期限内向税务机关报送纳税申报表，申请纳税。

四、税款的缴纳和减免

税款的缴纳是指企业应按规定的纳税期限、纳税环节、纳税时间和地点的要求，及时地将税款解缴入库。

减免税是对某些纳税人和课税对象给予鼓励和照顾的一种措施。

实习手册

武强下班后，将今天的实习内容登记在自己的实习手册中。

实习手册

项　目	记录内容
1. 企业纳税的流程是什么	
2. 企业税务登记的种类有哪些	
3. 企业何时可以申购发票	

记录人：　　　　　　　　　　　　时间：　　　年　　月　　日

任务三　了解我国税务机构设置及税收征管范围的划分

情景引例

熟悉企业纳税流程后，第三天郝师傅又为武强讲解了我国税务机构设置及税收征管范围的划分。

知识链接

一、税务机构设置

根据我国经济和社会发展及实行分税制财政管理体制的需要，现行税务机构设置是中央政府设立国家税务总局（正部级），省及省级以下税务机构分为国家税务局和地方税务局两个系统。

国家税务总局对国家税务局系统实行机构、编制、干部、经费的垂直管理，协同省级人民政府对省级地方税务局实行双重领导。

（1）国家税务局系统包括省、自治区、直辖市国家税务局，地区、地级市、自治州、盟国家税务局，县、县级市、旗国家税务局，征收分局、税务所。

征收分局、税务所是县级国家税务局的派出机构，前者一般按照行政区划、经济区划或者行业设置，后者一般按照经济区划或者行政区划设置。

省级国家税务局是国家税务总局直属的正厅（局）级行政机构，是本地区主管国家税收工作的职能部门，负责贯彻执行国家的有关税收法律、法规和规章，并结合本地实际情况制订具体实施办法。局长、副局长均由国家税务总局任命。

（2）地方税务局系统包括省、自治区、直辖市地方税务局，地区、地级市、自治州、盟地方税务局，县、县级市、旗地方税务局，征收分局、税务所。

省级以下地方税务局实行上级税务机关和同级政府双重领导、以上级税务机关垂直领导为主的管理体制，即地区（市）、县（市）地方税务局的机构设置、干部管理、人员编制和经费开支均由所在省（自治区、直辖市）地方税务局垂直管理。

省级地方税务局是省级人民政府主管本地区地方税收工作的职能部门，一般为正厅（局）级行政机构，实行地方政府和国家税务总局双重领导、以地方政府领导为主的管理体制。

国家税务总局对省级地方税务局的领导，主要体现在税收政策、业务的指导和协调，对国家统一的税收制度、政策的监督，组织经验交流等方面。省级地方税务局的局长人选由地方政府征求国家税务总局意见之后任免。

二、税收征收管理范围划分

目前，我国的税收分别由财政、税务、海关等系统负责征收管理。

（1）国家税务局系统负责征收和管理的项目有：增值税、消费税（其中进口环节的增值税、消费税由海关负责代征），车辆购置税，铁道部门、各银行总行、各保险公司总公司集中缴纳的营业税、企业所得税和城市维护建设税，中央企业缴纳的企业所得税，中央与地方所属企业、事业单位组成的联营企业、股份制企业缴纳的企业所得税，地方银行、非银行金融企业缴纳的企业所得税，海洋石油企业缴纳的企业所得税、资源税，2002～2008年注册的企业、事业单位缴纳的企业所得税，对储蓄存款利息征收的个人所得税（目前暂免征收），对股票交易征收的印花税。

（2）地方税务局系统负责征收和管理的项目有：营业税、城市维护建设税（不包括上述由国家税务局系统负责征收管理的部分）、企业所得税（不包括上述由国家税务局系统负责征收管理的部分），个人所得税（不包括对银行储蓄存款利息所得征收的部分）、资源税、城镇土地使用税、耕地占用税、土地增值税、房产税、车船税、印花税、契税。

税收征收管理范围如表1-3所示。

表1-3　各部门征收管理范围

征收机关	征收税种
国税局	增值税、消费税，车辆购置税，铁路、银行总行、保险总公司集中缴纳的营业税、企业所得税等
地税局	营业税、城建税（国税局征的除外）、企业所得税（国税局征的除外）、个人所得税、资源税、城镇土地使用税、土地增值税、房产税、车船税、印花税等
海关系统	关税、进口环节增值税和消费税、行李和邮递物品进口税
各级财政部门	在大部分地区的地方附加、契税、耕地占用税

三、中央政府与地方政府税收收入划分

根据国务院关于实行分税制财政管理体制的规定，我国的税收收入分为中央政府固定收入、地方政府固定收入和中央政府与地方政府共享收入。

（1）中央政府固定收入包括消费税（含进口环节海关代征的部分）、车辆购置税、关税、海关代征的进口环节增值税等。

（2）地方政府固定收入包括城镇土地使用税、耕地占用税、土地增值税、房产税、城市房地产税、车船税、契税。

（3）中央政府与地方政府共享收入主要包括：

1）增值税（不含进口环节由海关代征的部分）：中央政府分享75%，地方政府分享25%。

2）营业税：铁道部、各银行总行、各保险总公司集中缴纳的部分归中央政府，其余部分归地方政府。

3）企业所得税、外商投资企业和外国企业所得税：铁道部、各银行总行及海洋石油企业缴纳的部分归中央政府，其余部分中央与地方政府按60%与40%的比例分享。

4）个人所得税：除储蓄存款利息所得的个人所得税外，其余部分的分享比例与企业所得税相同。

5）资源税：海洋石油企业缴纳的部分归中央政府，其余部分归地方政府。

6）城市维护建设税：铁道部、各银行总行、各保险总公司集中缴纳的部分归中央政府，其余部分归地方政府。

7）印花税：证券交易印花税收入的 97% 归中央政府，其余 3% 和其他印花税收入归地方政府。

实习手册

武强下班后，将今天的实习内容登记在自己的实习手册中。

实习手册

项　目	记录内容
1. 我国的税务机构是如何设置的	
2. 国家税务局征收税种有哪些	
3. 地方税务局征收税种有哪些	
4. 中央和地方共享的税收有哪些	

记录人：　　　　　　　　　　　时间：　　　年　　　月　　　日

知识拓展

一、纳税员的职业素质要求

1. 道德素养

道德素养即培养纳税员具有如下素质：遵纪守法，恪守职业道德；诚实守信，拒绝顾客或雇用者违反纳税筹划原则和违法的要求；忠诚正义，能肩负社会责任。

2. 知识素养

知识素养是指纳税员应具备扎实的会计专业功底，熟悉本国会计制度的规定，能熟练进行纳税会计处理；能理解和把握本国税收法律的规定，了解与税法相关的其他经济法律的规定，如《公司法》、《破产法》及《金融法》等。

3. 身心健康

身心健康，能坚持在纳税员岗位上工作；能与税务机关密切合作，纳税员一方面为顾客或雇用者服务，另一方面要与税务机关密切合作，协助纳税人完成税法规定的纳税义务。

二、纳税员的业务技能要求

1. 基础能力

具备高中以上文化水平，能规范书写财经应用文，能熟练掌握计算机操作技术等。

2. 专业能力

对纳税业务具备专业分析能力、职业判断能力及准确的实际操作能力；能对需缴纳的税额进行准确计算，做出准确的会计处理；能独立完成纳税申报工作。

3. 组织协调能力

初步具备一定的决策能力和较好的沟通表达能力。

4. 学习能力

具备较强的学习能力，能及时掌握税法新动态。

5. 其他

具备职业风险防范能力，提高自我保护意识等。

项目二 企业纳税基本程序

任务一 税务登记

情景引例

郝师傅今天交给武强一项新任务：去税局办理变更税务登记。

武强一脸迷茫地问道：郝师傅，我们公司正常经营，为什么要重新登记呢？

郝师傅：因为公司经营地点发生了变化。

你知道税务登记包括哪些内容吗？你又该如何办理税务登记呢？

知识链接

税务登记是指纳税人为履行纳税义务，就有关纳税事宜依法向税务机关办理登记的一种法定手续；反过来也可以说，税务登记是税务机关对纳税人的开业、变更、注销、外出经营报验、停、复业以及生产经营情况进行登记管理的法定程序。

我国现行税务登记的内容包括设立（开业）税务登记、变更税务登记、注销税务登记、外出经营报验登记以及停业、复业登记等。

一、设立（开业）税务登记

设立（开业）税务登记是指纳税人依法成立并经工商行政管理登记后，为确认其纳税人的身份、纳入国家税务管理体系而到税务机关进行的登记。

（一）申报办理税务登记的时限要求

（1）从事生产、经营的纳税人领取工商营业执照（含临时工商营业执照）的，应当自领取工商营业执照之日起 30 日内申报办理设立税务登记，税务机关核发税务登记证及副本（纳税人领取临时工商营业执照的，税务机关核发临时税务登记证及副本)。

（2）从事生产、经营的纳税人未办理工商营业执照但经有关部门批准设立的，应当自有关部门批准设立之日起 30 日内申报办理税务登记，税务机关核发税务登记证及副本。

（3）从事生产、经营的纳税人未办理工商营业执照也未经有关部门批准设立的，应当自纳税义务发生之日起 30 日内申报办理设立税务登记，税务机关核发临时税务登记证及副本。

（4）有独立生产经营权、在财务上独立核算并定期向发包人或者出租人上交承包费或租金的承包承租人，应当自承包承租合同签订之日起 30 日内，向其承包承租业务发生地税务机关申报办理设立税务登记，税务机关核发临时税务登记证及副本。

（5）从事生产、经营的纳税人外出经营，自其在同一县（市）实际经营或提供劳务之日起，在连续的 12 个月内累计超过 180 天的，应当自期满之日起 30 日内，向生产、经营所在地税务机关申报办理设立税务登记，税务机关核发临时税务登记证及副本。

（6）境外企业在中国境内承包建筑、安装、装配、勘探工程和提供劳务的，应当自项目合同或协议签订之日起 30 日内，向项目所在地税务机关申报办理设立税务登记，税务机关核发临时税务登记证及副本。

（7）上述以外的其他纳税人，除国家机关、个人和无固定生产、经营场所的流动性农村小商贩外，均应当自纳税义务发生之日起 30 日内，向纳税义务发生地税务机关申报办理税务登记，税务机关核发税务登记证及副本。

（二）申报办理税务登记需提供的资料

纳税人在申报办理税务登记时，应当根据不同情况向税务机关如实提供以下证件和资料：

（1）工商营业执照或其他核准执业证件。

（2）有关合同、章程、协议书。组织机构统一代码证书。

（3）法定代表人或负责人、业主的居民身份证、护照或者其他合法证件。

（4）其他需要提供的有关证件、资料，由省、自治区、直辖市税务机关确定。

（三）纳税人办理下列事项时，必须提供税务登记证件

（1）开立银行账户。

（2）领购发票。

（3）申请减税、免税、退税。

（4）申请办理延期申报、延期缴纳税款。

（5）申请开具外出经营活动税收管理证明。

(6) 办理停业、歇业。

(7) 其他有关税务事项。

二、变更税务登记

变更税务登记是指纳税人办理设立（开业）税务登记后，因登记内容发生变化，需要对原有登记内容进行更改，而向主管税务机关申报办理的税务登记。

（一）办理变更税务登记应提供的证件资料

纳税人已在工商行政管理机关办理变更登记的，应当自工商行政管理机关变更登记之日起 30 日内，向原税务登记机关如实提供下列证件、资料，申报办理变更税务登记：

(1) 工商登记变更表及工商营业执照。

(2) 纳税人变更登记内容的有关证明文件。

(3) 税务机关发放的原税务登记证件（登记证正、副本和登记表等）。

(4) 其他有关资料。

纳税人按照规定不需要在工商行政管理机关办理变更登记，或者其变更登记的内容与工商登记内容无关的，应当自税务登记内容实际发生变化之日起 30 日内，或者自有关机关批准或宣布变更之日起 30 日内，持下列证件到原税务登记机关申报办理变更税务登记：

(1) 纳税人变更登记内容的有关证明文件。

(2) 税务机关发放的原税务登记证明证件（登记证正、副本和税务登记表等）。

(3) 其他有关资料。

（二）需要进行变更税务登记的情形

(1) 纳税人、扣缴义务人的名称变化。

(2) 变更法定代表人。

(3) 经济类型的改变。

(4) 经营地点的改变。

(5) 生产经营范围或者方式的改变。

(6) 生产经营期限的变更。

(7) 开设分支机构或者关闭下属单位。

(8) 主要经营电话号码发生变化。

(9) 其他税务登记的变更。

三、注销税务登记

注销税务登记是指纳税人发生解散、破产、撤销以及其他情形，依法终止纳税义务的，在向工商行政管理机关或者其他机关办理注销登记前，持有关证件向原税务登记机关申报办理注销税务登记的活动。

按照规定不需要在工商行政管理机关或者其他机关办理注册登记的，应当自有关机关批准或者宣告终止之日起 15 日内，持有关证件向原税务登记机关申报办理注销税务登记。

纳税人因住所、经营地点变动，涉及变更税务登记机关的，应当在向工商行政管理机关或其他机关申请办理变更或注销登记前，或者住所、经营地点变动前，向原税务登记机关申报办理注销税务登记，并在 30 日内向迁达地税务机关申报办理税务登记。

纳税人被工商行政管理机关吊销营业执照或者被其他机关予以撤销登记的，应当自营业执照被吊销或者被撤销登记之日起 15 日内，向原税务登记机关申报办理注销税务登记。

纳税人办理注销税务登记前，应当向税务机关提交相关证明文件和资料，结清应纳税款、多退（免）税款、滞纳金和罚款，缴销发票、税务登记证件和其他税务证件，经税务机关核准后，办理注销税务登记手续。

四、外出经营报验登记

外出经营报验登记是指从事生产经营的纳税人到外县（市）进行临时性的生产经营活动时，按规定申报办理的税务登记手续。

纳税人到外县（市）临时从事生产经营活动的，应当在外出生产经营以前，持税务登记证向主管税务机关申请开具《外出经济活动税收管理证明》（以下简称《外管证》）。

税务机关按照一地一证的原则，核发《外管证》。《外管证》的有效期限一般为 30 日，最长不得超过 180 天。

纳税人在《外管证》注明地进行生产经营前应向当地税务机关报验登记，并提交下列证件、资料：

（1）税务登记证件副本。

（2）《外管证》。

纳税人在《外管证》注明地销售货物的，除提交以上证件、资料外，应如实填写《外出经营货物报验单》，申报查验货物。

纳税人外出经营活动结束，应当向经营地税务机关填报《外出经营活动情况申报表》，并结清税款、缴销发票。

纳税人应当在《外管证》有效期届满后 10 日内，持《外管证》回原税务登记地税务机关办理《外管证》缴销手续。

五、停业、复业登记

停业、复业登记是指实行定期定额征收方式的纳税人，因自身经营的需要暂停经营或者恢复经营而向主管税务机关申请办理的税务登记手续。

（一）停业登记

实行定期定额征收方式的个体工商户需要停业的，应当在停业前向税务机关申报办理停业登记。纳税人的停业期限不得超过1年。

纳税人在申报办理停业登记时，应如实填写《停业申请登记表》，说明停业理由、停业期限、停业前的纳税情况和发票的领、用、存情况，并结清应纳税款、滞纳金、罚款。税务机关应收存其税务登记证件及副本、发票领购簿、未使用完的发票和其他税务证件。

纳税人在停业期间发生纳税义务的，应当按照税收法律、行政法规的规定申报缴纳税款。

（二）复业登记

纳税人应当于恢复生产经营之前，向税务机关申报办理复业登记，如实填写《停、复业报告书》，领回并启用税务登记证件、发票领购簿及其停业前领购的发票。

纳税人停业期满不能及时恢复生产经营的，应当在停业期满前向税务机关提出延长停业登记申请，并如实填写《停、复业报告书》。

实习手册

武强下班后，将今天的实习内容登记在自己的实习手册中。

实习手册

项　目	记录内容
1. 税务登记的内容分为哪几种	
2. 纳税人办理哪些事项时，必须提供税务登记证	
3. 纳税人发生什么情况时，需要进行变更税务登记	
4. 什么是注销税务登记	

记录人：　　　　　　　　　　　时间：　　　年　　　月　　　日

任务二　账簿凭证的管理

情景引例

郝师傅上班后把发票领购簿交给武强。

郝师傅：小武，去税务局领本发票，发票快用完了。

武强：好的，马上就去。

武强知道，税务机关是发票的主管机关，负责发票印制、领购、开具、取得、保管、缴销的管理和监督。

你知道税务机关是如何管理发票和其他账簿凭证的吗？

知识链接

一、账簿管理

(一) 账簿的设置管理

纳税人、扣缴义务人按照有关法律、行政法规和国务院财政、税务主管部门的规定设置账簿，根据合法、有效凭证记账，进行核算。

(1) 从事生产、经营的纳税人应当自领取营业执照或者发生纳税义务之日起15日内，按照国家有关规定设置账簿。

(2) 生产、经营规模小又确无建账能力的纳税人，可以聘请经批准从事会计代理记账业务的专业机构或者经税务机关认可的财会人员代为建账和办理账务；聘请上述机构或者人员有实际困难的，经县以上税务机关批准，可以按照税务机关的规定，建立收支凭证粘贴簿、进货销货登记簿或者使用税控装置。

(3) 扣缴义务人应当自税收法律、行政法规规定的扣缴义务发生之日起10日内，按照所代扣、代收的税种，分别设置代扣代缴、代收代缴税款账簿。

纳税人、扣缴义务人会计制度健全，能够通过计算机正确、完整计算其收入和所得或者代扣代缴、代收代缴税款情况的，其计算机输出的完整的书面会计记录，可视同会计账簿。

纳税人、扣缴义务人会计制度不健全，不能通过计算机正确、完整计算其收入和所得或者代扣代缴、代收代缴税款情况的，应当建立总账及与纳税或者代扣代缴、代收代缴税款有关的其他账簿。

(二) 对纳税人财务会计制度及其处理办法的管理

(1) 从事生产、经营的纳税人应当自领取税务登记证件之日起15日内，将其财务、会计制度或者财务、会计处理办法报送主管税务机关备案。

(2) 纳税人使用计算机记账的，应当在使用前将会计电算化系统的会计核算软件、使用说明书及有关资料报送主管税务机关备案。纳税人建立的会计电算化系统应当符合国家有关规定，并能正确、完整核算其收入或者所得。

(3) 纳税人、扣缴义务人的财务、会计制度或者财务、会计处理办法与国务院或者国务院财政、税务主管部门有关税收的规定抵触的，应依照国务院或者国务院财政、税务主管部门有关税收的规定计算应纳税款、代扣代缴和代收代缴税款。

（三）账簿、凭证等涉税资料的保存和管理

从事生产、经营的纳税人、扣缴义务人必须按照国务院财政、税务主管部门规定的保管期限保管账簿、记账凭证、完税凭证及其他有关资料。账簿、记账凭证、报表、完税凭证、发票、出口凭证以及其他相关涉税资料应当保存 10 年；但是法律、行政法规另有规定的除外。账簿、记账凭证、完税凭证及其他有关资料不得伪造、变造或者擅自损毁。

二、发票管理

（一）发票管理机关

单位、个人在购销商品、提供或者接受经营服务以及从事其他经营活动的过程中，应当按照规定开具、使用、取得发票。

税务机关是发票的主管机关，负责发票印制、领购、开具、取得、保管、缴销的管理和监督。

国家根据税收征收管理的需要，积极推广使用税控装置。纳税人应当按照规定安装、使用税控装置，不得损毁或者擅自改动税控装置。

（二）发票的种类、联次和内容

1. 发票种类

发票的种类通常按照行业特点和纳税人的生产经营项目划分为普通发票、增值税专用发票和专业发票三种。

2. 发票的联次和内容

发票的基本联次包括存根联、发票联和记账联。存根联由收款方或开票方留存备查；发票联由付款方或受票方作为付款原始凭证；记账联由收款方或开票方作为记账原始凭证。省级以上税务机关可根据发票管理情况以及纳税人经营业务需要，增减除发票联以外的其他联次，并确定其用途。

发票的基本内容包括：发票的名称、发票代码和号码、联次及用途、客户名称、开户银行及账号、商品名称或经营项目、计量单位、数量、单价、大小写金额、开票人、开票日期、开票单位（个人）名称（印章）等。

省级以上税务机关可根据经济活动以及发票管理需要，确定发票的具体内容。

（三）发票的印制

增值税专用发票由国务院税务主管部门指定的企业印制；其他发票按照国务院税务主管部门的规定，分别由省、自治区、直辖市国家税务局、地方税务局指定企业印制。未经前款规定的税务机关指定，不得印制发票。

（四）发票的领购

依法办理税务登记的单位和个人，在领取税务登记证件后，向主管税务机关申请领购发票。

申请领购发票的单位和个人应当提出购票申请，提供经办人身份证明、税务登记证件或者其他有关证明，以及财务印章或者发票专用章的印模，经主管税务机关审核后，发给发票领购簿。

领购发票的单位和个人应当凭发票领购簿核准的种类、数量以及购票方式，向主管税务机关领购发票。

需要临时使用发票的单位和个人，可以直接向税务机关申请办理。

临时到本省、自治区、直辖市行政区域以外从事经营活动的单位和个人，应当凭所在地税务机关的证明，向经营地税务机关申请领购经营地的发票。

临时在本省、自治区、直辖市内跨市、县从事经营活动的单位和个人，其领购发票的办法，由省、自治区、直辖市税务机关规定。

外省、自治区、直辖市来本辖区从事临时经营活动的单位和个人申请领购发票的，税务机关可以要求其提供保证人或者根据所领购发票的票面限额及数量缴纳不超过 1 万元的保证金，并限期缴销发票。

按期缴销发票的，解除保证人的担保义务或者退还保证金；未按期缴销发票的，由保证人或者以保证金承担法律责任。

（五）发票的开具和保管

销售商品、提供服务以及从事其他经营活动的单位和个人，对外发生经营业务收取款项时，收款方应向付款方开具发票；特殊情况下由付款方向收款方开具发票。

所有单位和从事生产、经营活动的个人在购买商品、接受服务以及从事其他经营活动支付款项时，应当向收款方索取发票。索取发票时，不得要求变更品名和金额。

不符合规定的发票，不得作为财务报销凭证，任何单位和个人有权拒收。

开具发票应当按照规定的时限、顺序、逐栏、全部联次一次性如实开具，并加盖单位财务印章或者发票专用章。

填开发票的单位和个人必须在发生经营业务确认营业收入时开具发票。未发生经营业务一律不准开具发票。

开具发票后，如发生销货退回需开红字发票的，必须收回原发票并注明"作废"字样或取得对方有效证明。

开具发票后，如发生销售折让的，必须在收回原发票并注明"作废"字样后重新开具销售发票或取得对方有效证明后开具红字发票。

单位和个人在开具发票时，必须做到按照号码顺序填开，填写项目齐全，内容真实，字迹清楚，全部联次一次打印，内容完全一致，并在发票联和抵扣联加盖发票专用章。

开具发票应当使用中文，民族自治地方可以同时使用当地通用的一种民族文字。

使用发票的单位和个人应当妥善保管发票，发生发票丢失情形时，应当于发现丢失当日书面报告税务机关，并登报声明作废。

使用电子计算机开具发票，须经主管税务机关批准，并使用税务机关统一监制的机外发票，开具后的存根联应当按照顺序编号装订成册。

任何单位和个人不得转借、转让、代开发票；未经税务机关批准，不得拆本使用发票；不得自行扩大专业发票使用范围。

禁止倒买倒卖发票、发票监制章和发票防伪专用品。

发票限于领购单位和个人在本省、自治区、直辖市内开具。省、自治区、直辖市税务机关可以规定跨市、县开具发票的办法。任何单位和个人未经批准，不得跨规定的使用区域携带、邮寄、运输空白发票。禁止携带、邮寄或者运输空白发票出入境。

开具发票的单位和个人应当建立发票使用登记制度，设置发票登记簿，并定期向主管税务机关报告发票使用情况。

开具发票的单位和个人应当在办理变更或者注销税务登记的同时，办理发票和发票领购簿的变更、缴销手续。

开具发票的单位和个人应当按照税务机关的规定存放和保管发票，不得擅自损毁。已开具的发票存根联和发票登记簿，应当保存五年。保存期满，报经税务机关查验后销毁。

（六）发票的检查

税务机关在发票管理中有权进行下列检查：

（1）检查印制、领购、开具、取得和保管发票的情况。

（2）调出发票查验。

（3）查阅、复制与发票有关的凭证、资料。

（4）向当事各方询问与发票有关的问题和情况。

（5）在查处发票案件时，对与案件有关的情况和资料，可以记录、录音、录像、照相和复制。

印制、使用发票的单位和个人，必须接受税务机关依法检查，如实反映情况，提供有关资料，不得拒绝、隐瞒。

税务人员进行检查时，应当出示税务检查证。

税务机关需要将已开具的发票调出查验时，应当向被查验的单位和个人开具发票换票证。发票换票证与所调出查验的发票有同等的效力。被调出查验发票的单位和个人不得拒绝接受。

税务机关需要将空白发票调出查验时，应当开具收据；经查无问题的，应当及时发还。

实习手册

武强下班后，将今天的实习内容登记在自己的实习手册中。

实习手册

项 目	记录内容
1. 哪个部门是发票的管理机关	
2. 发票通常是由哪一方开具的	
3. 纳税人使用计算机记账的，应当在使用前将哪些资料报送主管税务机关备案	

记录人：　　　　　　　　　　　　　　时间：　　年　　月　　日

任务三　纳税申报

情景引例

郝师傅：小武，我们通常所说的交税，在实际工作中就是完成纳税申报。纳税申报是指纳税人按照税法规定的期限和内容向税务机关提交有关纳税事项书面报告的法律行为，是纳税人履行纳税义务、承担法律责任的主要依据。

武强：师傅，纳税申报都有哪些方式呢？

你想和小武一起学习吗？

知识链接

纳税申报是指纳税人按照税法规定的期限和内容向税务机关提交有关纳税事项书面报告的法律行为，是纳税人履行纳税义务、承担法律责任的主要依据，是税务机关税收管理信息的主要来源和税务管理的一项重要制度。

一、纳税申报的主体

纳税申报的主体，包括纳税人和扣缴义务人。

纳税人必须依照法律、行政法规规定或者税务机关依照法律、行政法规的规定确定的申报期限、申报内容如实办理纳税申报，报送纳税申报表、财务会计报表以及税务机关根据实际需要要求纳税人报送的其他纳税资料。

扣缴义务人必须依照法律、行政法规规定或者税务机关依照法律、行政法规的规定确定的申报期限、申报内容如实报送代扣代缴、代收代缴税款报告表以及税务机关根据实际需要要求扣缴义务人报送的其他有关资料。

二、纳税申报的内容

纳税人、扣缴义务人的纳税申报或者代扣代缴、代收代缴税款报告表的主要内容包括：税种，税目，应纳税项目或者应代扣代缴、代收代缴税款项目，适用税率或者单位税额，计税依据，扣除项目及标准，应纳税额或者应代扣代缴、代收代缴税额，税款所属期限等。

三、纳税申报的方式

从税务管理部门的角度来说，必须建立比较健全的纳税人自行申报管理制度，这个自行申报的管理制度由税务机关或主管部门进行批准。对于纳税人或扣缴义务人来说，可以采取不同的方式进行申请以及上报，大多可以采用上门申报、邮寄或数据电文的方式进行相应的纳税申报管理；通过报送或代扣代缴、代收代缴等不同的方式进行税款的上报工作。除此以外，中国还采用定期定额缴纳税款的方式进行纳税，分别采用简易申报、简并征期等不同的方式来进行纳税申报的工作。

（一）上门申报

上门申报是指到税务机关进行纳税申报，即纳税人或者扣缴义务人、代征人按照税收法律、行政法规和规章的规定，由主管地方税务机关根据其具体情况确定，到各税务分局办税服务厅办理纳税申报，报送各种纳税申请表或扣缴税款报告表、代征税款报告表。

（二）邮寄申报

邮寄申报是指纳税人、扣缴义务人、代征人经主管税务机关审核认定后，按照税收法律、行政法规和规章的规定，利用邮政手段向主管税务机关办理纳税申报，报送各税种纳税申报表、扣缴税款报告表、代征税款报告表，并直接到其开户银行缴纳税款的一种纳税申报方式。

（三）网上申报

网上申报是指纳税人、扣缴义务人、代征人经主管税务机关审核认定后，按照税收法律、行政法规和规章的规定，通过互联网传输、报送各税种纳税申报表、扣缴税款报告表、代征税款报告表的申报方式，它是数据电文方式申报的一种。

（四）代理申报

代理申报是指纳税人按照税收法律、行政法规和规章的规定通过具有法定代理资格的代理机构报送各税种纳税申报表、扣缴税款报告表、代征税款报告表的申报方式。

（五）远程电子申报

远程电子申报是指纳税人按照税法的有关规定，采取特定的软件通过计算机进行点对点的远程电子信息自动传输申报各种纳税人申报表、扣缴税款报告表、代征税款报告表的申报方式，它是数据电文方式申报的一种。

（六）电话申报

电话申报是指纳税人通过电话输入相关纳税信息的形式申报各种纳税人申报表、扣缴税款报告表、代征税款报告表的申报方式。

四、纳税申报期限

纳税人、扣缴义务人应当按税法规定期限办理纳税申报。

纳税人、扣缴义务人不能按期办理纳税申报或者报送代扣代缴、代收代缴税款报告表的，经税务机关核准，可以延期申报。

经核准延期办理前款规定的申报、报送事项的，应当在纳税期内按照上期实际缴纳的税额或者税务机关核定的税额预缴税款，并在核准的延期内办理税款结算。

实习手册

武强下班后，将今天的实习内容登记在自己的实习手册中。

实习手册

项　目	记录内容
1. 纳税申报的主体是什么	
2. 纳税申报有哪些内容	
3. 纳税申报的方式有哪些	

记录人：　　　　　　　　　　　　时间：　　年　　月　　日

任务四 税款缴纳

情景引例

郝师傅：税款的缴纳方法有多少种，你知道吗？

武强：我只知道转账缴纳方式，还有很多种吗？您快给我说说吧。

知识链接

一、税款的缴纳方法

（一）按照缴库渠道分类

1. 转账缴纳

纳税人及扣缴义务人根据税务机关填制的缴款书通过开户银行转账缴纳税款的方式。

2. 现金缴纳

纳税人用现金缴纳税款的一种方式。

3. 银税一体化缴纳

税务机关在税款征收工作中利用现代计算机网络技术，与有关银行、国库联网后，进行纳税人应纳税款的划解，以方便和简化纳税人的缴税手续，提高税款划解的效率。该征税方法具体分为以下三类：

（1）预储账户缴税。

纳税人在指定银行开设税款预储账户，按期提前储入税款，并在规定的期限内由税务机关通知银行直接划解税款的方式。

（2）支票缴税。

支票缴税需在税务机关、银行、国库三方实现计算机联网后才可实施。该缴税方式不要求纳税人开立税款指定银行账户，只需纳税人在其任意资金账户按期提前储入当期应纳税款，并在规定的期限将缴税支票交由税务机关通过国库用倒交换方式划解税款，纳税人不再到银行划款。

（3）税务、国库、银行联网实时缴税。

实时缴税需在税务机关、银行、国库三方实现计算机联网后才可实施。该缴税方式不要求纳税人开立税款指定银行账户，只需纳税人在其任意资金账户按期提前储入当期应纳税款，并在规定的期限内由税务机关通过国库直接划解税款，纳税人不再到银行划款。

(二)按照征收手段分类

1. 自核自缴

生产经营规模较大,财务制度健全,会计核算准确,一贯依法纳税的企业,经主管税务机关批准,企业依照税法规定,自行计算应纳税额,自行填写纳税申报表,自行填写税收缴款书,到开户银行解缴应纳税款,并按规定向主管税务机关办理纳税申报,报送纳税资料和财务会计报表。

2. 申报核实缴纳

生产经营正常,财务制度基本健全,账册、凭证完整,会计核算较准确的企业,依照税法规定计算应纳税款,自行填写纳税申报表,按照规定向主管税务机关办理纳税申报,并报送纳税资料和财务会计报表,经主管税务机关审核,并填开税收缴款书,纳税人按规定期限到开户银行缴纳税款。

3. 申报查验缴纳

对于财务制度不够健全,账簿凭证不完备的经营场所固定的业户,应当如实向主管税务机关办理纳税申报并提供其生产能力、原材料、能源消耗情况及生产经营情况等,经主管税务机关审查测定或实地查验后,填开税收缴款书或者完税凭证,纳税人按规定期限到开户银行或者税务机关缴纳税款。

4. 定额申报

对于生产规模较小,确无建账能力或者账证不健全,不能提供准确纳税资料的经营场所固定的业户,按照税务机关核定的销售额和征收率在规定期限内向主管税务机关申报缴纳税款。

纳税人采取何种方式缴纳税款,由主管税务机关确定。

二、延期缴纳税款

纳税人因有特殊困难,不能按期缴纳税款的,经省、自治区、直辖市国家税务局、地方税务局批准,可以延期缴纳税款,但是最长不得超过三个月。

特殊困难主要指:一是因不可抗力,导致纳税人发生较大损失,正常生产经营活动受到较大影响的;二是当期货币资金在扣除应付职工工资、社会保险费后,不足以缴纳税款的。

三、多缴税款的退还

纳税人自结算缴纳税款之日起三年内发现的,可以向税务机关要求退还多缴的税款并加算银行同期存款利息,税务机关及时查实后,依照法律法规的规定办理退还手续。

纳税人既有应退税款又有欠缴税款时,税务机关应当将应退税款先抵扣欠缴税款,抵扣后还有应退税款的,可按抵扣后的余额退还,也可以根据纳税人的要求留抵以后纳税期的税款。

四、少缴税款的追征

不同原因造成的未缴或者少缴税款的追征期分为三种情况：

（1）因税务机关的责任造成未缴或者少缴税款的追征期。

因税务机关的责任，致使纳税人未缴或者少缴税款的，追征期为三年，且在限期内不加征滞纳金。

（2）因纳税人、扣缴义务人计算错误等失误造成未缴或者少缴税款的追征期。

因纳税人计算错误等失误，未缴或者少缴税款累计10万元以下的，追征期为三年；未缴或者少缴税款累计10万元以上的，追征期为五年；偷税、抗税、骗税的，追征期限为无限期。因纳税人计算错误等失误是指非主观故意的计算公式运用错误以及明显的笔误。

（3）享受减税、免税优惠的纳税人，减税、免税条件发生变化的，应当自发生变化之日起15日内向税务机关报告；不再符合减税、免税条件的，应当依法履行纳税义务；未依法纳税的，税务机关应当予以追缴。

实习手册

武强下班后，将今天的实习内容登记在自己的实习手册中。

实习手册

项　目	记录内容
1. 税款征收的方式有哪些	
2. 什么情况可以延期缴纳税款	
3. 少缴税款如何追征	

记录人：　　　　　　　　　　　　时间：　　年　　月　　日

项目三　增值税

任务一　初识增值税

情景引例

武强早上一到办公室，就接到销售部拿来的购销合同，要求他给海口金海酒业有限公司开具增值税专用发票，本次业务销售白酒20000元，增值税额为3400元。这是武强第一次接触增值税专用发票。

增值税专用发票与一般发票有什么区别？武强带着疑问请教郝师傅。

郝师傅说：增值税是国家五大税种之一，很重要，你要认真学习增值税相关知识。

知识链接

一、增值税的纳税人

（一）纳税人范围

增值税的纳税人包括销售货物，提供加工、修理修配劳务，进口货物，提供应税服务的单位和个人。

（二）纳税人的种类

《中华人民共和国增值税暂行条例》将纳税人按其经营规模大小以及会计核算是否健全划分为一般纳税人和小规模纳税人。

二、增值税的征税范围

增值税的征税范围包括在中国境内销售货物，提供加工、修理修配劳务，提供应税服务和进口货物。

（一）销售货物

销售货物是指有偿转让货物的所有权。货物是指有形动产，包括电力、热力、气体在内。有偿是指从购买方取得货币、货物或者其他经济利益。

（二）提供加工、修理修配劳务

提供加工、修理修配劳务（以下简称应税劳务），是指有偿提供加工、修理修配劳务。

（三）提供应税服务——"营改增"的应税服务

1. 交通运输业：包括陆路、水路、航空、管道运输服务

2. 部分现代服务业（主要是部分生产性服务业）

（1）研发和技术服务。

（2）信息技术服务。

（3）文化创意服务（设计服务、广告服务、会议展览服务等）。

（4）物流辅助服务。

（5）有形动产租赁服务。

（6）鉴证咨询服务。

（7）广播影视服务。

3. 邮政服务业

4. 电信业

（四）进口货物

进口货物是指申报进入中国海关境内的货物。

（五）视同销售货物行为

1. 将货物交付其他单位或者个人代销

2. 销售代销货物

3. 设有两个以上机构并实行统一核算的纳税人，将货物从一个机构移送其他机构用于销售，但相关机构设在同一县（市）的除外

4. 将自产或者委托加工的货物用于非增值税应税项目

5. 将自产、委托加工的货物用于集体福利或者个人消费

6. 将自产、委托加工或者购进的货物作为投资，提供给其他单位或者个体工商户

7. 将自产、委托加工或者购进的货物分配给股东或者投资者

8. 将自产、委托加工或者购进的货物无偿赠送其他单位或者个人

9. 无偿提供交通运输业和部分现代服务业服务的，但以公益活动为目的或以社会公众为对象的除外

（六）混合销售行为

一项销售行为如果既涉及货物又涉及非增值税应税劳务，则为混合销售行为。

除特殊情况外，从事货物的生产、批发或者零售的企业、企业性单位和个体

工商户的混合销售行为，视为销售货物，缴纳增值税；其他单位和个人的混合销售行为，视为提供营业税应税劳务，缴纳营业税。其中所称从事货物的生产、批发或者零售的企业、企业性单位和个体工商户，包括以从事货物的生产、批发或者零售为主，并兼营应税劳务的企业、企业性单位和个体工商户在内。

（七）兼营行为

纳税人兼营营业税应税行为和货物或者增值税应税劳务的，应当分别核算应税行为的营业额和货物或者增值税应税劳务的销售额，其营业额缴纳营业税，销售额缴纳增值税；未分别核算的，由主管税务机关核定其应税行为营业额和货物或者应税劳务的销售额。

纳税人兼营不同税率的货物或者应税劳务，应当分别核算不同税率货物或者应税劳务的销售额；未分别核算销售额的，从高适用税率。

（八）混业经营

"混业经营"是营改增试点办法中首次引入的概念，仅适用于试点纳税人。根据规定，所谓混业经营是指试点纳税人兼有不同税率或者征收率的销售货物、提供加工修理修配劳务或者应税服务（注意，没有涉及非应税劳务），即纳税人的经营行为涉及同一个税种、不同税目和税率，那么纳税人应当分别核算适用不同税率或征收率的销售额。

三、税率

（一）一般纳税人

一般纳税人的税率有四档。

（1）基本税率：17%。

（2）优惠税率：13%。

（3）交通运输业、邮政业服务、基础电信服务：11%。

（4）现代服务业、增值电信服务：6%。

（二）小规模纳税人

小规模纳税人实行简易征收方法，征收率为3%。

（三）出口货物

出口货物税率为0。

四、增值税专用发票

增值税专用发票是增值税一般纳税人销售货物、提供应税劳务、提供应税服务时开具的发票，是购买方支付增值税额并可按照增值税有关规定据以抵扣增值税进项税额的凭证。一般纳税人应通过增值税防伪税控系统使用专用发票。

属于下列情形之一，需要开具发票的，应当开具普通发票，不得开具增值税专用发票：

(1) 向消费者销售货物或者应税劳务的。

(2) 销售免税货物的。

(3) 向小规模纳税人销售货物或者应税劳务的。

商业企业一般纳税人零售的烟、酒、食品、服装、鞋帽（不包括劳保专用部分）、化妆品等消费品不得开具专用发票。

销售免税货物可以开具增值税专用发票的情形：国有粮食购销企业销售免税粮食，政府储备食用植物油企业按国家指令计划销售政府储备食用植物油。

增值税专用发票只限于增值税一般纳税人领购使用，增值税小规模纳税人需要开具专用发票的，可向主管税务机关申请代开。

实习手册

武强下班后，将今天的实习内容登记在自己的实习手册中。

实习手册

项 目	记录内容
1. 增值税纳税义务人分为哪两类	
2. 增值税的基本税率是多少	
3. 什么情况下可以开具增值税专用发票	

记录人：　　　　　　　　　　　　时间：　　年　　月　　日

知识拓展

"营改增"相关政策简介

2011年，经国务院批准，财政部、国家税务总局联合下发营业税改征增值税试点方案。从2012年1月1日起，在上海交通运输业和部分现代服务业开展营业税改征增值税试点。至此，货物劳务税收制度的改革拉开序幕。自2012年8月1日起至年底，将交通运输业和部分现代服务业营业税改征增值税试点范围，由上海市分批扩大至北京市、天津市、江苏省、浙江省、安徽省、福建省、湖北省、广东省8个省（直辖市）和宁波市、厦门市、深圳市3个计划单列市。截至2013年8月1日，"营改增"试行范围推广到全国。从2014年1月1日起，在全国范围内开展铁路运输和邮政业"营改增"试点，至此交通运输业已全部纳入"营改增"范围。自2014年6月1日起，在中华人民共和国境内（以下简称境内）提供电信业服务的单位和个人，应当按照《财政部国家税务总局关于将铁路运输和邮政业纳入营业税改征增值税试点的通知》（财税〔2013〕106号）的规定缴纳增值税，不再缴纳营业税。

一、改革试点的主要税制安排

1. 税率

一般纳税人的增值税率在现行增值税17%标准税率和13%低税率基础上，新增11%和6%两档低税率。租赁有形动产等适用17%税率，交通运输业、建筑业、基础电信服务等适用11%税率，提供增值电信服务、其他部分现代服务业适用6%税率。小规模纳税人的增值税率均为3%。

2. 计税方式

交通运输业、建筑业、邮电通信业、现代服务业、文化体育业、销售不动产和转让无形资产，原则上适用增值税一般计税方法。金融保险业和生活性服务业，原则上适用增值税简易计税方法。

3. 计税依据

纳税人计税依据原则上为发生应税交易取得的全部收入。对一些存在大量代收转付或代垫资金的行业，其代收代垫金额可予以合理扣除。

4. 服务贸易进出口

服务贸易进口在国内环节征收增值税，出口实行零税率或免税制度。

二、改革试点期间过渡性政策

（1）税收收入归属。试点期间保持现行财政体制基本稳定，原归属试点地区的营业税收入，改征增值税后收入仍归属试点地区，税款分别入库。因试点产生的财政减收，按现行财政体制由中央和地方分别负担。

（2）税收优惠政策过渡。国家给予试点行业的原营业税优惠政策可以延续，但对于通过改革能够解决重复征税问题的，予以取消。试点期间针对具体情况采取适当的过渡政策。

（3）跨地区税种协调。试点纳税人以机构所在地作为增值税纳税地点，其在异地缴纳的营业税，允许在计算缴纳增值税时抵减。非试点纳税人在试点地区从事经营活动的，继续按照现行营业税有关规定申报缴纳营业税。

（4）增值税抵扣政策的衔接。现有增值税纳税人向试点纳税人购买服务取得的增值税专用发票，可按现行规定抵扣进项税额。

任务二 增值税的计算

情景引例

了解了增值税相关知识后，郝师傅对武强说：你还需要学会增值税应纳税额的计算方法。实际工作中，常见的是增值税一般纳税人，应重点掌握。

知识链接

一、一般纳税人应纳税额的计算

（一）计算原理

应纳增值税 = 销项税额 - 进项税额

（二）销项税额的确定

1. 销售开具增值税专用发票

销项税额即为专用发票上标明的增值税额，即：

销项税额 = 销售额 × 税率

2. 销售开具增值税普通发票

销项税额 = [含税销售额 ÷ (1 + 税率)] × 税率

（三）进项税额的确定

1. 准予抵扣的进项税额

（1）购进存货或加工修理劳务、应税服务，取得增值税专用发票标明的增值税额。

（2）购进设备、工具用具、车辆（除房屋、建筑物外的固定资产），取得增值税专用发票标明的增值税额。

（3）进口货物（存货、设备），取得进口完税凭证上注明的进口增值税额。

（4）购进免税农产品，以买价乘以 13% 作为进项税额，即：

进项税额 = 买价（包含农业特产税）× 13%

（5）支付的购销运费，取得运费增值税发票标明的增值税额。

（6）接受其他应纳增值税劳务，取得增值税发票标明的增值税额。

2. 不准抵扣的进项税额

（1）购进货物、劳务、应税服务未取得增值税专用发票。

（2）用于非工业、商业生产经营活动的购进货物、劳务、应税服务的进项税额，如用于在建工程、兼营服务业等。

（3）用于生活福利的购进货物或劳务的进项税额。

（4）非常损失（灾害、被盗）的购进材料、商品的进项税额。

（5）非常损失的在产品、产成品耗用的材料的进项税额。

（6）退回的购进材料、商品的进项税额。

其中：（2）、（3）两项，购进时明确为上述用途的，不计入进项税额；后改变为上述用途的，要从进项税额中转出。（4）、（5）、（6）项，应从已计入的进项税额中转出。

（四）应纳增值税额的计算方法

当期应纳增值税 = 当期销项税额 – 当期准予抵扣的进项税额

　　　　　　　= 当期销项税额 – （当期发生的准予抵扣的进项税额 –

　　　　　　　转出的不准抵扣的进项税额 + 上月留抵的进项税额）

二、小规模纳税人应纳增值税的计算

小规模纳税人实行简易计税方法，不抵扣进项税额，计算方法为：

应纳增值税 = 含税销售额 ÷ （1 + 征收率） × 征收率

三、进口货物应纳增值税的计算

（一）计税依据组成计税价格的计算

1. 一般货物

组成计税价格 = 关税完税价格 + 进口关税

2. 应纳消费税的货物

组成计税价格 = （完税价格 + 进口关税） ÷ （1 – 消费税税率）

（二）应纳增值税计算

应纳增值税 = 组成计税价格 × 税率

【案例 3 – 1】

某增值税一般纳税人 2014 年 8 月有关纳税资料如下：

（1）购进材料，取得增值税专用发票上标明的增值税 30 万元；

（2）支付运费，取得增值税专用发票上标明的增值税 0.35 万元；

（3）购进设备，取得增值税专用发票上标明的增值税 2 万元；

（4）销售产品，开具的增值税专用发票上标明的增值税 50 万元；

（5）销售产品，开具的增值税普通发票含税销售额 5.85 万元。

计算该企业当月应缴纳的增值税税额。

【解析 3 – 1】

（1）销项税额 = 50 + [5.85 ÷ （1 + 17%） × 17%] = 50.85（万元）；

（2）准予抵扣的进项税额 = 30 + 0.35 + 2 = 32.35（万元）；

（3）应纳增值税 = 50.85 – 32.35 = 18.5（万元）。

【案例 3 – 2】

某企业为增值税小规模纳税人，2013 年 8 月取得零售收入总额为 15.45 万元。计算该企业当月应缴纳的增值税税额。

【解析 3 – 2】

（1）不含税销售额 = 154500 ÷ （1 + 3%） = 150000（元）；

（2）应缴纳增值税税额 = 150000 × 3% = 4500（元）。

【案例 3 – 3】

台州捷达运输有限责任公司为增值税一般纳税人，2014 年 6 月取得运输货物收入 750 万元（含税），其中境外运输货物取得收入 50 万元；销售货物取得收入 100 万元（含税）。计算该企业当月应缴纳的增值税税额。

【解析 3 - 3】

国家规定国际运输劳务免征税收。

台州捷达运输有限责任公司 2014 年 6 月应纳的增值税税额计算如下：

该公司应纳的增值税 = (7500000 - 500000) ÷ (1 + 11%) × 11% + 1000000 ÷ (1 + 17%) × 17% = 693693.69 + 145299.15 = 838992.84(元)

实习手册

武强下班后，将今天的实习内容登记在自己的实习手册中。

实习手册

项　目	记录内容
1. 增值税一般纳税人应纳税额如何计算	
2. 增值税小规模纳税人应纳增值税如何计算	
3. 进口货物应纳增值税如何计算	

记录人：　　　　　　　　　　　　　时间：　　　年　　　月　　　日

任务三　增值税的核算

情景引例

郝师傅告诉武强，今天的工作是进行增值税会计核算，那么一般纳税人和小规模纳税人增值税是如何进行会计核算的呢？

知识链接

一、一般纳税人的会计处理

(一) 进项税额的核算

企业购进材料或商品，以取得增值税专用发票上的价款金额计入"原材料"或"库存商品"账户，以可抵扣的增值税金额计入"应交税费——应交增值税

（进项税额）"账户，以应付或实际支付的金额，计入"应付账款"、"应付票据"、"银行存款"等账户。

借：原材料或库存商品【价款金额】
　　应交税费——应交增值税（进项税额）【增值税】
　　　贷：银行存款或应付账款或应付票据【价税合计】

（二）销项税额的核算

企业销售产品或提供应税劳务，按营业收入和应收取的增值税额，计入"应收账款"、"应收票据"、"银行收款"账户；按确认的营业收入，计入"主营业务收入"、"其他业务收入"账户，以增值税金额计入"应交税费——应交增值税（销项税额）"账户。

借：银行存款或应收账款【价税合计或含税销售额】
　　　贷：主营业务收入【价款金额或不含税销售额】
　　　　　应交税费——应交增值税（销项税额）【增值税】

工商企业销售的产品或商品退回时，根据取得的负数增值税专用发票上的负数价款金额，借记"主营业务收入"科目，以负数增值税金额借记"应交税费——应交增值税（销项税额）"科目。

借：主营业务收入【价款金额】
　　应交税费——应交增值税（销项税额）【增值税】
　　　贷：银行存款或应收账款【价税合计】

（三）缴纳增值税

缴纳增值税时，根据缴款书金额，借记"应交税费——应交增值税（已交税金）"科目。

借：应交税费——应交增值税（已交税金）
　　　贷：银行存款

二、小规模纳税人的会计处理

（一）购进材料或商品

工商企业购进材料或商品，以取得普通发票上的含税价款金额或价税合计金额计入"原材料"或"库存商品"账户。

借：原材料或库存商品
　　　贷：银行存款或应付账款

（二）购进除不动产外的固定资产

工商企业购进机器、设备、车辆等除不动产外的固定资产，以取得发票上的含税价款金额或价税合计金额计入"固定资产"账户。

借：固定资产

　　贷：银行存款或应付账款

（三）支付加工费、修理费、水费、电费及其他增值税劳务费

企业支付设备修理费、水费、电费及其他增值税劳务费，以取得发票上的含税价款金额或价税合计金额计入"制造费用"（生产用）或"管理费用"（管理用）账户。

借：制造费用或管理费用

　　贷：银行存款或应付账款

（四）支付运费

1. 工商企业购进材料或商品支付的运费，取得普通发票

以取得的发票上的含税价款金额，计入"原材料"、"库存商品"（金额较大时计入采购成本）或"管理费用"（金额较小时）账户。

借：原材料、库存商品或管理费用

　　贷：银行存款或应付账款

2. 工商企业购进材料或商品支付的运费，取得专用发票

以取得增值税专用发票上的价款金额计入"原材料"、"库存商品"（金额较大时计入采购成本）或"管理费用"（金额较小时）账户，以可抵扣的增值税金额计入"应交税费——应交增值税（进项税额）"账户。

借：原材料、库存商品或管理费用【价款金额】

　　应交税费——应交增值税（进项税额）【增值税】

　　贷：银行存款或应付账款或应付票据【价税合计】

3. 工商企业销售产品或商品支付的运费，以取得的发票上的含税价款金额或价税合计金额，计入"销售费用"账户

借：销售费用

　　贷：银行存款或应付账款

（五）销售货物

如果小规模纳税人销售货物或提供劳务时，采用销售额和应纳税额合并定价，则必须按规定方法将计税销售额换算出来，按3%的征收率计算应缴增值税。借记"应收账款"或"银行存款"科目，贷记"主营业务收入"科目和"应交税费——应交增值税"科目。

借：应收账款或银行存款

　　贷：主营业务收入

　　　　应交税费——应交增值税

（六）缴纳增值税

缴纳增值税时，根据缴款书金额，借记"应交税费——应交增值税"科目。

借：应交税费——应交增值税

    贷：银行存款

小规模纳税人其他购销业务的会计处理，比照上述方法处理。

【案例3-4】

永兴机械有限公司为增值税一般纳税人，2013年7月5日购入长河商贸股份有限公司钢板和圆钢两种材料，长河商贸股份有限公司开来的购货发票已收到，材料已验收入库，货款已用转账支票支付。无对外支付的运费。

原始凭证如下图所示：

海南增值税专用发票   No 02383812

发票联   开票时间：2013年7月5日

购货单位	名　称：永兴机械有限公司 纳税人识别号：15002462647534X 地址及电话：海口市长安南路　88430586 开户行及账号：工行长路支行101014788680920011	密码区	（略）			

货物或应税劳务名称	规格型号	单位	数量	单价	金额	税率	税额
钢板		kg	2000	10.00	20000.00	17%	3400.00
圆钢		kg	1000	30.00	30000.00	17%	5100.00
合计					￥50000.00		￥8500.00

价税合计（大写）	伍万捌仟伍佰元整	￥58500.00

销货单位	名　称：长河商贸股份有限公司 纳税人识别号：610188146622317 地址及电话：信阳市高新区 0378－36891245 开户行及账号：中行高新区支行21371859091002	备注	

收款人：　　　复核：　　　开票人：李晓华　　　开票单位：（章）

实物入库凭证

交物单位：长河股份公司   2013年7月6日   字第3号

品名	数量	单位	单价	金额									备考
				百	十	万	千	百	十	元	角	分	
钢板	2000	kg	10			2	0	0	0	0	0	0	
圆钢	1000	kg	30			3	0	0	0	0	0	0	
合计	伍万元整									￥50000.00			

负责人：　　　会计：　　　保管：王亮　　　交物人：李强

中国工商银行
转账支票存根
X Ⅵ00001257

附加信息

出票日期 2013 年 7 月 7 日

| 收款人：长河商贸股份有限公司 |
| 金　额：58500.00 元 |
| 用　途：货款 |

单位主管　　　　　　会计

【解析3-4】

借：原材料——钢板　　　　　　　　　　　　　　　　20000

　　　　　——圆钢　　　　　　　　　　　　　　　　30000

　　应交税费——应交增值税（进项税额）　　　　　　8500

　　贷：银行存款　　　　　　　　　　　　　　　　　　58500

【案例3-5】

永兴机械有限公司销售给中天贸易有限公司一批产品，开出了增值税专用发票，货款已转入本企业银行账户。

原始凭证如下图所示：

海南增值税专用发票　　　　　　　　　No 02383840

此联不作为报销、扣税凭证使用

开票日期：2013 年 7 月 5 日

| 购货单位 | 名　称：中天贸易有限公司
纳税人识别号：15002462647534X
地址及电话：海口市长安南路　88430586
开户行及账号：中行长安路支行 1010014788680920011 | 密码区 | （略） |

续表

货物或应税劳务名称	规格型号	单位	数量	单价	金 额	税率	税 额
钢模板	规格型号	kg	2000	20.00	40000.00	17%	6800.00
钢床架		kg	1000	30.00	30000.00	17%	5100.00
合计					￥70000.0		￥11900.00

价税合计（大写）	捌万壹仟玖佰元整	（小写）￥81900.00

销货单位	名 称：永兴机械有限公司 纳税人识别号：610188146622317 地址及电话：海口市高新区 36891245 开户行及账号：工行长安路支行 21371859091002	备注	

收款人：　　　复核：　　　开票人：李晓华　　　开票单位：（章）

中国工商银行　进账单　（收账通知）

2013 年 7 月 10 日

出票人	全 称	中天贸易有限公司	收款人	全 称	永兴机械有限公司
	账 号	1010014788680920011		账 号	21371859091002
	开户银行	中行长安路支行		开户银行	工行长安路支行

金额	人民币　捌万壹仟玖佰元整 （大写）	亿	千	百	十	万	千	百	十	元	角	分
					￥8	1	9	0	0	0	0	0

票据种类	支票	票据张数	壹张	
票据号码	X Ⅵ00001245			

复核　　　记账

开户银行签章

【解析 3-5】

根据发票记账联和银行收账通知，账务处理为：

借：银行存款 81900

　　贷：主营业务收入 70000

　　　　应交税费——应交增值税（销项税额） 11900

实习手册

武强下班后，将今天的实习内容登记在自己的实习手册中。

实习手册

项 目	记录内容
1. 一般纳税人增值税如何核算	
2. 小规模纳税人增值税如何核算	

记录人：　　　　　　　　　　时间：　　年　　月　　日

任务四　增值税纳税申报资料的填制

情景引例

月末是企业填制增值税纳税申报资料的时间，郝师傅对武强说：今天的任务就是认识增值税纳税申报表。

知识链接

一、纳税期限和申报期限

增值税的纳税期限分别为 1 天、3 天、5 天、10 天、15 天、1 个月或者 1 个季度。

以月或季为纳税期限的，申报期限为月、季满后 15 日内；以不满 1 个月为纳税期限的，为期满 5 日内预交，次月 15 日内申报并结清上月应纳税款。

二、纳税申报表的填制

（一）法律规定：纳税人不论有无销售，均应按主管税务机关核定的纳税期限按期填报增值税纳税申报表，并向当地税务机关申报纳税

增值税一般纳税人必须上报的资料：

（1）《增值税纳税申报表（一般纳税人适用）》（主表）。

（2）《增值税纳税申报表附列资料（一）》（本期销售情况明细）。

（3）《增值税纳税申报表附列资料（二）》（本期进项税额明细）。

（4）《增值税纳税申报表附列资料（三）》（应税服务扣除项目明细）。

（5）《增值税纳税申报表附列资料（四）》（税额抵减情况表）。

（6）《固定资产进项税额抵扣情况表》。

（7）《资产负债表》。

（8）《利润表》。

（二）增值税纳税申报表格式如下

1. 《增值税纳税申报表（一般纳税人适用）》主表及填制要求

表3-1　增值税纳税申报表

（适用于增值税一般纳税人）

根据国家税收法律法规及增值税相关规定制定本表。纳税人不论有无销售额，均应按税务机关核定的纳税期限按期填报本表，并向当地税务机关申报。

税款所属时间：自　　年　月　日至　年　月　日　　填表日期：　　年　月　日

单位：元（列至角分）

纳税人识别号				所属行业	
纳税人名称	（公章）	法定代表人姓名	注册地址	生产经营地址	
开户银行及账号		登记注册类型		电话号码	

	项目	栏次	一般货物、劳务和应税服务		即征即退货物、劳务和应税服务	
			本月数	本年累计	本月数	本年累计
销售额	（一）按适用税率征税货物及劳务销售额	1				
	其中：应税货物销售额	2				
	应税劳务销售额	3				
	纳税检查调整的销售额	4				
	（二）按简易征收办法征税货物销售额	5				
	其中：纳税检查调整的销售额	6				
	（三）免、抵、退办法出口货物销售额	7			—	—
	（四）免税货物及劳务销售额	8			—	—
	其中：免税货物销售额	9			—	—
	免税劳务销售额	10			—	—

续表

	销项税额	11				
	进项税额	12				
	上期留抵税额	13		—		—
	进项税额转出	14				
	免、抵、退货物应退税额	15			—	—
	按适用税率计算的纳税检查应补缴税额	16				
税款计算	应抵扣税额合计	17 = 12 + 13 - 14 - 15 + 16		—		—
	实际抵扣税额	18（如 17 < 11，则为17，否则为 11）				
	应纳税额	19 = 11 - 18				
	期末留抵税额	20 = 17 - 18		—		—
	简易征收办法计算的应纳税额	21				
	按简易征收办法计算的纳税检查应补缴税额	22			—	—
	应纳税额减征额	23				
	应纳税额合计	24 = 19 + 21 - 23				
税款缴纳	期初未缴税额（多缴为负数）	25				
	实收出口开具专用缴款书退税额	26			—	—
	本期已缴税额	27 = 28 + 29 + 30 + 31				
	①分次预缴税额	28		—		—
	②出口开具专用缴款书预缴税额	29		—		—
	③本期缴纳上期应纳税额	30				
	④本期缴纳欠缴税额	31				
	期末未缴税额（多缴为负数）	32 = 24 + 25 + 26 - 27				
	其中：欠缴税额（≥0）	33 = 25 + 26 - 27		—		—

续表

税款激纳	本期应补（退）税额	34＝24－28－29		—	—
	即征即退实际退税额	35	—	—	—
	期初未缴查补税额	36		—	—
	本期入库查补税额	37		—	—
	期末未缴查补税额	38＝16＋22＋36－37		—	—

授权声明	如果你已委托代理人申报，请填写下列资料： 为代理一切税务事宜，现授权＿＿＿＿＿＿＿＿ （地址）＿＿＿＿＿＿＿＿＿＿＿为本纳税人的代理申报人，任何与本申报表有关的往来文件，都可寄予此人。 授权人签字：	申报人声明	本纳税申报表是根据《增值税暂行条例》的规定填报的，我相信它是真实的、可靠的、完整的。 声明人签字：

以下由税务机关填写：

主管税务机关： 接收人： 接收日期：

填表说明：

（一）"税款所属时间"：指纳税人申报的增值税应纳税额的所属时间，应填写具体的起止年、月、日。

（二）"填表日期"：指纳税人填写本表的具体日期。

（三）"纳税人识别号"：填写纳税人的税务登记证号码。

（四）"所属行业"：按照国民经济行业分类与代码中的小类行业填写。

（五）"纳税人名称"：填写纳税人单位名称全称。

（六）"法定代表人姓名"：填写纳税人法定代表人的姓名。

（七）"注册地址"：填写纳税人税务登记证所注明的详细地址。

（八）"生产经营地址"：填写纳税人实际生产经营地的详细地址。

（九）"开户银行及账号"：填写纳税人开户银行的名称和纳税人在该银行的结算账户号码。

（十）"登记注册类型"：按纳税人税务登记证的栏目内容填写。

（十一）"电话号码"：填写可联系到纳税人的常用电话号码。

（十二）"即征即退货物、劳务和应税服务"列：填写纳税人按规定享受增值税即征即退政策的货物、劳务和应税服务的征（退）税数据。

（十三）"一般货物、劳务和应税服务"列：填写除享受增值税即征即退政策以外的货物、劳务和应税服务的征（免）税数据。

（十四）"本年累计"列：一般填写本年度内各月"本月数"之和。其中，第13、第20、第25、第32、第36、第38栏及第18栏"实际抵扣税额"、"一般货物、劳务和应税服务"列的"本年累计"分别按本填写说明第（二十七）、第（三十四）、第（三十九）、第（四十六）、第（五十）、第（五十二）、第（三十二）条要求填写。

（十五）第1栏"（一）按适用税率计税销售额"：填写纳税人本期按一般计税方法计算缴纳增值税的销售额，包含：在财务上不作销售但按税法规定应缴纳增值税的视同销售和价外费用的销售额；外贸企业作价销售进料加工复出口货物的销售额；税务、财政、审计部门检查后按一般计税方法计算调整的销售额。

营业税改征增值税的纳税人，应税服务有扣除项目的，本栏应填写扣除之前的不含税销售额。

本栏"一般货物、劳务和应税服务"列"本月数"＝《附列资料（一）》第9列第1行至第5行之和－第9列第6、第7行之和；本栏"即征即退货物、劳务和应税服务"列"本月数"＝《附列资料（一）》第9列第6、第7行之和。

（十六）第2栏"其中：应税货物销售额"：填写纳税人本期按适用税率计算增值税的应税货物的销售额。包含在财务上不作销售但按税法规定应缴纳增值税的视同销售货物和价外费用销售额，以及外贸企业作价销售进料加工复出口货物的销售额。

（十七）第3栏"应税劳务销售额"：填写纳税人本期按适用税率计算增值税的应税劳务的销售额。

（十八）第4栏"纳税检查调整的销售额"：填写纳税人因税务、财政、审计部门检查，并按一般计税方法在本期计算调整的销售额。但享受增值税即征即退政策的货物、劳务和应税服务，经纳税检查发现偷税的，不填入"即征即退货物、劳务和应税服务"列，而应填入"一般货物、劳务和应税服务"列。

营业税改征增值税的纳税人，应税服务有扣除项目的，本栏应填写扣除之前的不含税销售额。

本栏"一般货物、劳务和应税服务"列"本月数"＝《附列资料（一）》第7列第1行至第5行之和。

（十九）第5栏"按简易办法计税销售额"：填写纳税人本期按简易计税方法计算增值税的销售额。包含纳税检查调整按简易计税方法计算增值税的销售额。

营业税改征增值税的纳税人，应税服务有扣除项目的，本栏应填写扣除之前的不含税销售额；应税服务按规定汇总计算缴纳增值税的分支机构，其当期按预征率计算缴纳增值税的销售额也填入本栏。

本栏"一般货物、劳务和应税服务"列"本月数"≥《附列资料（一）》第9列第8行至第13行之和－第9列第14、第15行之和；本栏"即征即退货物、劳务和应税服务"列"本月数"≥《附列资料（一）》第9列第14、第15行之和。

（二十）第6栏"其中：纳税检查调整的销售额"：填写纳税人因税务、财政、审计部门检查，并按简易计税方法在本期计算调整的销售额。但享受增值税即征即退政策的货物、劳务和应税服务，经纳税检查发现偷税的，不填入"即征即退货物、劳务和应税服务"列，而应填入"一般货物、劳务和应税服务"列。

营业税改征增值税的纳税人，应税服务有扣除项目的，本栏应填写扣除之前的不含税销售额。

（二十一）第7栏"免、抵、退办法出口销售额"：填写纳税人本期适用免、抵、退税办法的出口货物、劳务和应税服务的销售额。

营业税改征增值税的纳税人，应税服务有扣除项目的，本栏应填写扣除之前的销售额。

本栏"一般货物、劳务和应税服务"列"本月数"＝《附列资料（一）》第9列第16、第17行之和。

（二十二）第8栏"免税销售额"：填写纳税人本期按照税法规定免征增值税的销售额和适用零税率的销售额，但零税率的销售额中不包括适用免、抵、退办法的销售额。

营业税改征增值税的纳税人，应税服务有扣除项目的，本栏应填写扣除之前的免税销售额。

本栏"一般货物、劳务和应税服务"列"本月数"＝《附列资料（一）》第9列第18、第19行之和。

（二十三）第9栏"其中：免税货物销售额"：填写纳税人本期按照税法规定免征增值税的货物销售额及适用零税率的货物销售额，但零税率的销售额中不包括适用免、抵、退办法出口货物的销售额。

（二十四）第10栏"免税劳务销售额"：填写纳税人本期按照税法规定免征增值税的劳务销售额及适用零税率的劳务销售额，但零税率的销售额中不包括适用免、抵、退办法的劳务的销售额。

（二十五）第11栏"销项税额"：填写纳税人本期按一般计税方法计税的货物、劳务和应税服务的销项税额。

营业税改征增值税的纳税人，应税服务有扣除项目的，本栏应填写扣除之后的销项税额。

本栏"一般货物、劳务和应税服务"列"本月数"＝《附列资料（一）》（第10列第1、第3行之和－第10列第6行）＋（第14列第2、第4、第5行之和－第14列第7行）；

本栏"即征即退货物、劳务和应税服务"列"本月数"＝《附列资料（一）》第10列第6行＋第14

列第7行。

（二十六）第12栏"进项税额"：填写纳税人本期申报抵扣的进项税额。

本栏"一般货物、劳务和应税服务"列"本月数"＋"即征即退货物、劳务和应税服务"列"本月数"＝《附列资料（二）》第12栏"税额"。

（二十七）第13栏"上期留抵税额"。

1.上期留抵税额按规定须挂账的纳税人，按以下要求填写本栏的"本月数"和"本年累计"。

上期留抵税额按规定须挂账的纳税人是指试点实施之日前一个税款所属期的申报表第20栏"期末留抵税额"、"一般货物及劳务"列"本月数"大于零，且兼有营业税改征增值税应税服务的纳税人（下同）。其试点实施之日前一个税款所属期的申报表第20栏"期末留抵税额"、"一般货物及劳务"列"本月数"，以下称为货物和劳务挂账留抵税额。

（1）本栏"一般货物、劳务和应税服务"列"本月数"：试点实施之日的税款所属期填写"0"；以后各期按上期申报表第20栏"期末留抵税额"、"一般货物、劳务和应税服务"列"本月数"填写。

（2）本栏"一般货物、劳务和应税服务"列"本年累计"：反映货物和劳务挂账留抵税额本期期初余额。试点实施之日的税款所属期按试点实施之日前一个税款所属期的申报表第20栏"期末留抵税额"、"一般货物及劳务"列"本月数"填写；以后各期按上期申报表第20栏"期末留抵税额"、"一般货物、劳务和应税服务"列"本年累计"填写。

（3）本栏"即征即退货物、劳务和应税服务"列"本月数"：按上期申报表第20栏"期末留抵税额"、"即征即退货物、劳务和应税服务"列"本月数"填写。

2.其他纳税人，按以下要求填写本栏"本月数"和"本年累计"。

其他纳税人是指除上期留抵税额按规定须挂账的纳税人之外的纳税人（下同）。

（1）本栏"一般货物、劳务和应税服务"列"本月数"：按上期申报表第20栏"期末留抵税额"、"一般货物、劳务和应税服务"列"本月数"填写。

（2）本栏"一般货物、劳务和应税服务"列"本年累计"：填写"0"。

（3）本栏"即征即退货物、劳务和应税服务"列"本月数"：按上期申报表第20栏"期末留抵税额"、"即征即退货物、劳务和应税服务"列"本月数"填写。

（二十八）第14栏"进项税额转出"：填写纳税人已经抵扣，但按税法规定本期应转出的进项税额。

本栏"一般货物、劳务和应税服务"列"本月数"＋"即征即退货物、劳务和应税服务"列"本月数"＝《附列资料（二）》第13栏"税额"。

（二十九）第15栏"免、抵、退应退税额"：反映税务机关退税部门按照出口货物、劳务和应税服务免、抵、退办法审批的增值税应退税额。

（三十）第16栏"按适用税率计算的纳税检查应补缴税额"：填写税务、财政、审计部门检查，按一般计税方法计算的纳税检查应补缴的增值税额。

（三十一）第17栏"应抵扣税额合计"：填写纳税人本期应抵扣进项税额的合计数。按表中所列公式计算填写。

（三十二）第18栏"实际抵扣税额"。

1.上期留抵税额按规定须挂账的纳税人，按以下要求填写本栏的"本月数"和"本年累计"。

（1）本栏"一般货物、劳务和应税服务"列"本月数"：按表中所列公式计算填写。

（2）本栏"一般货物、劳务和应税服务"列"本年累计"：填写货物和劳务挂账留抵税额本期实际抵减一般货物和劳务应纳税额的数额。将"货物和劳务挂账留抵税额本期期初余额"与"一般计税方法的一般货物及劳务应纳税额"两个数据相比较，取二者中小的数据。

其中：货物和劳务挂账留抵税额本期期初余额＝第13栏"上期留抵税额"、"一般货物、劳务和应税

服务"列"本年累计";

一般计税方法的一般货物及劳务应纳税额 =（第 11 栏"销项税额"、"一般货物、劳务和应税服务"列"本月数" - 第 18 栏"实际抵扣税额"、"一般货物、劳务和应税服务"列"本月数"）× 一般货物及劳务销项税额比例；

一般货物及劳务销项税额比例 =（《附列资料（一）》第 10 列第 1、第 3 行之和 - 第 10 列第 6 行）÷ 第 11 栏"销项税额"、"一般货物、劳务和应税服务"列"本月数" × 100%。

（3）本栏"即征即退货物、劳务和应税服务"列"本月数"：按表中所列公式计算填写。

2. 其他纳税人，按以下要求填写本栏的"本月数"和"本年累计"：

（1）本栏"一般货物、劳务和应税服务"列"本月数"：按表中所列公式计算填写。

（2）本栏"一般货物、劳务和应税服务"列"本年累计"：填写"0"。

（3）本栏"即征即退货物、劳务和应税服务"列"本月数"：按表中所列公式计算填写。

（三十三）第 19 栏"应纳税额"：反映纳税人本期按一般计税方法计算并应缴纳的增值税额。按以下公式计算填写：

1. 本栏"一般货物、劳务和应税服务"列"本月数" = 第 11 栏"销项税额"、"一般货物、劳务和应税服务"列"本月数" - 第 18 栏"实际抵扣税额"、"一般货物、劳务和应税服务"列"本月数" - 第 18 栏"实际抵扣税额"、"一般货物、劳务和应税服务"列"本年累计"。

2. 本栏"即征即退货物、劳务和应税服务"列"本月数" = 第 11 栏"销项税额"、"即征即退货物、劳务和应税服务"列"本月数" - 第 18 栏"实际抵扣税额"、"即征即退货物、劳务和应税服务"列"本月数"。

（三十四）第 20 栏"期末留抵税额"。

1. 上期留抵税额按规定须挂账的纳税人，按以下要求填写本栏的"本月数"和"本年累计"：

（1）本栏"一般货物、劳务和应税服务"列"本月数"：反映试点实施以后，一般货物、劳务和应税服务共同形成的留抵税额。按表中所列公式计算填写。

（2）本栏"一般货物、劳务和应税服务"列"本年累计"：反映货物和劳务挂账留抵税额，在试点实施以后抵减一般货物和劳务应纳税额后的余额。按以下公式计算填写：

本栏"一般货物、劳务和应税服务"列"本年累计" = 第 13 栏"上期留抵税额"、"一般货物、劳务和应税服务"列"本年累计" - 第 18 栏"实际抵扣税额"、"一般货物、劳务和应税服务"列"本年累计"。

（3）本栏"即征即退货物、劳务和应税服务"列"本月数"：按表中所列公式计算填写。

2. 其他纳税人，按以下要求填写本栏"本月数"和"本年累计"：

（1）本栏"一般货物、劳务和应税服务"列"本月数"：按表中所列公式计算填写。

（2）本栏"一般货物、劳务和应税服务"列"本年累计"：填写"0"。

（3）本栏"即征即退货物、劳务和应税服务"列"本月数"：按表中所列公式计算填写。

（三十五）第 21 栏"简易征收办法计算的应纳税额"：反映纳税人本期按简易计税方法计算并应缴纳的增值税额，但不包括按简易计税方法计算的纳税检查应补缴税额。按以下公式计算填写：

本栏"一般货物、劳务和应税服务"列"本月数" = 《附列资料（一）》（第 10 列第 8 行至第 11 行之和 - 第 10 列第 14 行）+（第 14 列第 12 行至第 13 行之和 - 第 14 列第 15 行）。

本栏"即征即退货物、劳务和应税服务"列"本月数" = 《附列资料（一）》第 10 列第 14 行 + 第 14 列第 15 行。

营业税改增值税的纳税人，应税服务按规定汇总计算缴纳增值税的分支机构，应将预征增值税额填入本栏。预征增值税额 = 应预征增值税的销售额 × 预征率。

（三十六）第 22 栏"按简易征收办法计算的纳税检查应补缴税额"：填写纳税人本期因税务、财政、审计部门检查并按简易计税方法计算的纳税检查应补缴税额。

（三十七）第23栏"应纳税额减征额"：填写纳税人本期按照税法规定减征的增值税应纳税额。包含按照规定可在增值税应纳税额中全额抵减的增值税税控系统专用设备费用以及技术维护费。

当本期减征额小于或等于第19栏"应纳税额"与第21栏"简易计税办法计算的应纳税额"之和时，按本期减征额实际填写；当本期减征额大于第19栏"应纳税额"与第21栏"简易征收办法计算的应纳税额"之和时，按本期第19栏与第21栏之和填写。本期减征额不足抵减部分结转下期继续抵减。

（三十八）第24栏"应纳税额合计"：反映纳税人本期应缴增值税的合计数。按表中所列公式计算填写。

（三十九）第25栏"期初未缴税额（多缴为负数）"："本月数"按上一税款所属期申报表第32栏"期末未缴税额（多缴为负数）"、"本月数"填写。"本年累计"按上年度最后一个税款所属期申报表第32栏"期末未缴税额（多缴为负数）"、"本年累计"填写。

（四十）第26栏"实收出口开具专用缴款书退税额"：本栏不填写。

（四十一）第27栏"本期已缴税额"：反映纳税人本期实际缴纳的增值税额，但不包括本期入库的查补税款。按表中所列公式计算填写。

（四十二）第28栏"①分次预缴税额"：填写纳税人本期已缴纳的准予在本期增值税应纳税额中抵减的税额。

营业税改征增值税的纳税人，应税服务按规定汇总计算缴纳增值税的总机构，其可以从本期增值税应纳税额中抵减的分支机构已缴纳的税款，按当期实际可抵减数填入本栏，不足抵减部分结转下期继续抵减。

（四十三）第29栏"②出口开具专用缴款书预缴税额"：本栏不填写。

（四十四）第30栏"③本期缴纳上期应纳税额"：填写纳税人本期缴纳上一税款所属期应缴未缴的增值税额。

（四十五）第31栏"④本期缴纳欠缴税额"：反映纳税人本期实际缴纳和留抵税额抵减的增值税欠税额，但不包括缴纳入库的查补增值税额。

（四十六）第32栏"期末未缴税额（多缴为负数）"："本月数"反映纳税人本期期末应缴未缴的增值税额，但不包括纳税检查应缴未缴的税额。按表中所列公式计算填写。"本年累计"与"本月数"相同。

（四十七）第33栏"其中：欠缴税额（≥0）"：反映纳税人按照税法规定已形成欠税的增值税额。按表中所列公式计算填写。

（四十八）第34栏"本期应补（退）税额"：反映纳税人本期应纳税额中应补缴或应退回的数额。按表中所列公式计算填写。

（四十九）第35栏"即征即退实际退税额"：反映纳税人本期因符合增值税即征即退政策规定，而实际收到的税务机关退回的增值税额。

（五十）第36栏"期初未缴查补税额"："本月数"按上一税款所属期申报表第38栏"期末未缴查补税额"、"本月数"填写。"本年累计"按上年度最后一个税款所属期申报表第38栏"期末未缴查补税额"、"本年累计"填写。

（五十一）第37栏"本期入库查补税额"：反映纳税人本期因税务、财政、审计部门检查而实际入库的增值税额，包括按一般计税方法计算并实际缴纳的查补增值税额和按简易计税方法计算并实际缴纳的查补增值税额。

（五十二）第38栏"期末未缴查补税额"："本月数"反映纳税人接受纳税检查后应在本期期末缴纳而未缴纳的查补增值税额。按表中所列公式计算填写，"本年累计"与"本月数"相同。

2.《增值税纳税申报表附列资料（一）》（本期销售情况明细及填制要求）

表 3 - 2　增值税纳税申报税申报表附列资料（一）

（本期销售情况明细）

税款所属时间：　年　月　日至　年　月　日

纳税人名称（公章）：

单位：元（列至角分）

项目及栏次			开具税控增值税专用发票		开具其他发票		未开具发票		纳税检查调整		合计			应税服务扣除项目本期实际扣除金额	扣除后	
			销售额	销项（应纳）税额	销售额	销项（应纳）税额	销售额	销项（应纳）税额	销售额	销项（应纳）税额	销售额	销项（应纳）税额	价税合计		含税（免税）销售额	销项（应纳）税额
			1	2	3	4	5	6	7	8	$9=1+3+5+7$	$10=2+4+6+8$	$11=9+10$	12	$13=11-12$	$14=13\div(100\%+税率或征收率)\times税率或征收率$
一、一般计税方法计税	全部征税项目	17%税率的货物及加工修理修配劳务	1														
		17%税率的有形动产租赁服务	2												—	—	—
		13%税率	3														
		11%税率	4											—	—	—	—
		6%税率	5											—	—	—	—

· 46 ·

续表

项目及栏次		开具税控增值税专用发票		开具其他发票		未开具发票		纳税检查调整		合计			应税服务扣除项目本期实际扣除金额	扣除后	
		销售额	销项(应纳)税额	销售额	销项(应纳)税额	销售额	销项(应纳)税额	销售额	销项(应纳)税额	销售额	销项(应纳)税额	价税合计	本期实际扣除金额	含税(免税)销售额	销项(应纳)税额
		1	2	3	4	5	6	7	8	9＝1＋3＋5＋7	10＝2＋4＋6＋8	11＝9＋10	12	13＝11－12	14＝13÷(100%＋税率或征收率)×税率或征收率
二、简易计税方法计税															
其中:即征即退货物及加工修理修配劳务	6		—	—	—							—		—	—
即征即退应税服务	7	—	—									—		—	—
全部征税项目	6%征收率	8														—
	5%征收率	9														—
	4%征收率	10														—
	3%征收率的货物及加工修理修配劳务	11														—
	3%征收率的应税服务	12														—
	预征率(%)	13														—
其中:即征即退货物及加工修理修配劳务	14	—	—	—	—							—		—	—
即征即退应税服务	15	—	—	—	—	—	—	—	—	—	—	—	—	—	—

续表

项目及栏次		开具税控增值税专用发票		开具其他发票		未开具发票		纳税检查调整		合计			应税服务扣除项目本期实际扣除金额	扣除后	
	栏次	销售额	销项(应纳)税额	销售额	销项(应纳)税额	销售额	销项(应纳)税额	销售额	销项(应纳)税额	销售额	销项(应纳)税额	价税合计	本期实际扣除金额	含税(免税)销售额	销项(应纳)税额
		1	2	3	4	5	6	7	8	$9=1+3+5+7$	$10=2+4+6+8$	$11=9+10$	12	$13=11-12$	$14=13\div(100\%+税率或征收率)\times税率或征收率$
三、免抵退税 货物及加工修理修配劳务	16	—	—	—	—	—	—	—	—	—	—	—	—	—	—
应税服务	17	—	—	—	—	—	—	—	—	—	—	—	—	—	—
四、免税 货物及加工修理修配劳务	18	—	—	—	—	—	—	—	—	—	—	—	—	—	—
应税服务	19	—	—	—	—	—	—	—	—	—	—	—	—	—	—

填表说明:

(一)"税款所属时间"、"纳税人名称"的填写同主表。

(二)各列说明:

1. 第1列至第2列"开具税控增值税专用发票":反映本期开具防伪税控"增值税专用发票"、"货物运输业增值税专用发票"和税控"机动车销售统一发票"的情况。

2. 第3列至第4列"开具其他发票":反映本期开具上述三种发票以外的其他发票的情况。

3. 第5列至第6列"未开具发票":反映本期未开具发票的销售情况。

4. 第7列至第8列"纳税检查调整":反映经税务、财政、审计部门检查并在本期调整的销售情况。

5. 第9列至第11列"合计":按照表中所列公式填写。营业税改征增值税的纳税人,应税服务有扣除项目的,第1列至第11列应填写扣除之前的征(免)税销售额、销项(应纳)税额和价税合计。

6. 第12列"应税服务扣除项目本期实际扣除金额":营业税改征增值税的纳税人,应税服务有扣除项目的,按《附列资料(三)》第5列对应各行次数据填写;应税服务无扣除项目的,本列填写"0"。其他纳税人不填写。

营业税改征增值税的纳税人，应税服务按规定汇总计算缴纳增值税的分支机构，当期应税服务有扣除项目的，填入本列第13行。

7. 第13列"扣除后"、"含税（免税）销售额"：营业税改征增值税的纳税人，应税服务有扣除项目的，本列各行次=第11列对应行次－第12列对应各行次。其他纳税人不填写。

8. 第14列"扣除后"、"销项（应纳）税额"：

（1）应税服务按照一般计税方法计税。

本列各行次=第13列÷（100%＋对应行次税率）×对应行次税率

本列第7行"按一般计税方法计税的即征即退应税服务"不按本列的说明填写。具体填写要求见"各行说明"第2条第（2）项第③点的说明。

（2）应税服务按照简易计税方法计税。

本列各行次=第13列÷（100%＋对应行次征收率）×对应行次征收率

本列第13行"预征率（%）"不按本列的说明填写，本列不填写。

具体填写要求见"各行说明"第4条第（2）项。

（3）应税服务实行免抵退或免税的，本行不填写。

（三）各行说明：

1. 第1行至第5行"一般计税方法计税"、"全部征税项目"各行：按不同税率和项目分别填写按一般计税方法计算增值税的全部征税项目。有即征即退项目的纳税人，本部分数据中既包括即征即退项目，又包括不享受即征即退政策的一般征税项目。

2. 第6行至第7行"一般计税方法计税"、"其中：即征即退项目"各行：只反映按一般计税方法计算增值税的即征即退项目。按照税法规定享受即征即退政策的纳税人，不填写的其中数。

（1）第6行"即征即退货物及加工修理修配劳务"：即征即退项目是全部征税项目的其中数。

1）本行第9列"合计""销售额"栏：反映按一般计税方法计算增值税享受即征即退政策的货物及加工修理修配劳务的不含税销售额。该栏不按第9列所列公式计算，应按照税法规定据实填写。

2）本行第10列"合计""销项（应纳）税额"栏：反映按一般计税方法计算增值税享受即征即退政策的货物及加工修理修配劳务的销项税额。本行不包括应税服务有扣除项目的应税服务的不含税销售额。

（2）第7行"即征即退应税服务"：反映按一般计税方法计算增值税享受即征即退政策的应税服务。本行不包括应税服务有扣除项目的应税服务的不含税销售额。应税服务有扣除项目的应税服务实际应提的销项税额。应税服务有扣除项目的，应税服务的销项税额。

1）本行第9列"合计""销售额"栏：反映按一般计税方法计算增值税享受即征即退政策的应税服务的销售额。该栏不按第9列所列公式填写，应按照税法规定据实填写。

2）本行第10列"合计""销项（应纳）税额"栏：反映按一般计税方法计算增值税享受即征即退政策的应税服务的销项税额。

3）本行第14列"扣除后"、"销项（应纳）税额"栏：反映按一般计税方法征收增值税征收率征收增值税享受即征即退政策的应税服务政策的应税服务。

务有扣除项目的，按扣除之后的销项额填写；应税服务无扣除项目的，按本行第 10 列填写。

3. 第 8 行至第 12 行"二、简易计税方法计税"、"全部征税项目"，各行：按不同征收率和项目分别填写按简易计税方法计算的应征增值税的全部征税项目。有即征即退征税项目的纳税人，本部分数据中既包括即征即退项目，也包括不享受即征即退政策的一般征税项目。

4. 第 13 行"二、简易计税方法计税"、"预征率（%）"：反映营业税改征增值税的纳税人，应税服务按规定汇总计算缴纳增值税的分支机构预征增值税销售额、预征增值税应纳税额。

5. 第 14 行至第 15 行"二、简易计税方法计税"，即征即退项目是全部征税项目的其中数。

（1）第 14 行"即征即退货物及加工修理修配劳务"：反映按简易计税方法计算增值税且享受即征即退政策的货物及加工修理修配劳务。本行不包括应税服务的内容。

1）本行第 9 列"销售额"：反映按简易计税方法计算增值税且享受即征即退政策的货物及加工修理修配劳务的不含税销售额。该栏不按第 9 列所列公式计算，应按照税法规定据实填写。

2）本行第 10 列"销项（应纳）税额"栏：反映按简易计税方法计算增值税且享受即征即退政策的货物及加工修理修配劳务的应纳税额。该栏不按第 10 列所列公式计算，应按照税法规定据实填写。

（2）第 15 行"即征即退应税服务"：反映按简易计税方法计算增值税且享受即征即退政策的应税服务。本行不包括货物及加工修理修配劳务的内容。

1）本行第 9 列"销售额"：反映按简易计税方法计算增值税且享受即征即退政策的应税服务有扣除项目的，按扣除之前的不含税销售额填写。该栏不按第 9 列所列公式计算。

2）本行第 10 列"销项（应纳）税额"栏：反映按简易计税方法计算增值税且享受即征即退政策的应税服务实际计提的应纳税额。应税服务有扣除项目的，按扣除之前的应纳税额填写，本行第 10 列填写。

3）本行第 14 列"扣除后"、"应税服务应纳税额"，应税服务无扣除项目的，按本行第 9 列公式计算。

6. 第 16 行"三、免抵退税"、"货物及加工修理修配劳务"：反映适用免、抵、退税政策的出口货物、加工修理修配劳务。

7. 第 17 行"三、免抵退税"、"应税服务"：反映适用免、抵、退税政策的出口应税服务。

8. 第 18 行"四、免税"、"货物及加工修理修配劳务"：反映按照税法规定免征增值税的货物及劳务和适用零税率的出口货物及劳务，但零税率的销售额中不包括适用免、抵、退税办法的出口货物及劳务。

9. 第 19 行"四、免税"、"应税服务"：反映按照税法规定免征增值税的应税服务和适用零税率的应税服务，但零税率的销售额中不包括适用免、抵、退税办法的应税服务。

3.《增值税纳税申报表附列资料（二）》（本期进项税额明细）及填制要求

表 3 - 3　增值税纳税申报表附列资料（二）
（本期进项税额明细）

税款所属时间：　　年　月　日至　　年　月　日

纳税人名称（公章）：　　　　　　　　　　　　　　　单位：元（列至角分）

一、申报抵扣的进项税额				
项目	栏次	份数	金额	税额
（一）认证相符的税控增值税专用发票	1 = 2 + 3			
其中：本期认证相符且本期申报抵扣	2			
前期认证相符且本期申报抵扣	3			
（二）其他扣税凭证	4 = 5 + 6 + 7 + 8			
其中：海关进口增值税专用缴款书	5			
农产品收购发票或者销售发票	6			
代扣代缴税收缴款凭证	7			—
运输费用结算单据	8			
	9	—	—	—
	10	—	—	—
（三）外贸企业进项税额抵扣证明	11	—	—	
当期申报抵扣进项税额合计	12 = 1 + 4 + 11			
二、进项税额转出额				
项目	栏次	税额		
本期进项税转出额	13 = 14 至 23 之和			
其中：免税项目用	14			
非应税项目用、集体福利、个人消费	15			
非正常损失	16			
简易计税方法征税项目用	17			
免抵退税办法不得抵扣的进项税额	18			
纳税检查调减进项税额	19			
红字专用发票通知单注明的进项税额	20			
本期进项税转出额	13 = 14 至 23 之和			
上期留抵税额抵减欠税	21			
上期留抵税额退税	22			
其他应作进项税额转出的情形	23			

续表

三、待抵扣进项税额

项目	栏次	份数	金额	税额
（一）认证相符的税控增值税专用发票	24	—	—	
期初已认证相符但未申报抵扣	25			
本期认证相符且本期未申报抵扣	26			
期末已认证相符但未申报抵扣	27			
其中：按照税法规定不允许抵扣	28			
（二）其他扣税凭证	29＝30 至 33 之和			
其中：海关进口增值税专用缴款书	30			
农产品收购发票或者销售发票	31			
代扣代缴税收缴款凭证	32		—	
运输费用结算单据	33			
	34			

四、其他

项目	栏次	份数	金额	税额
本期认证相符的税控增值税专用发票	35			
代扣代缴税额	36	—	—	

填表说明：

（一）"税款所属时间"、"纳税人名称"的填写同主表。

（二）第1栏至第12栏"一、申报抵扣的进项税额"：分别反映纳税人按税法规定符合抵扣条件，在本期申报抵扣的进项税额。

1. 第1栏"（一）认证相符的税控增值税专用发票"：反映纳税人取得的认证相符本期申报抵扣的防伪税控"增值税专用发票"、"货物运输业增值税专用发票"和税控"机动车销售统一发票"的情况。该栏应等于第2栏"本期认证相符且本期申报抵扣"与第3栏"前期认证相符且本期申报抵扣"数据之和。

2. 第2栏"其中：本期认证相符且本期申报抵扣"：反映本期认证相符且本期申报抵扣的防伪税控"增值税专用发票"、"货物运输业增值税专用发票"和税控"机动车销售统一发票"的情况。本栏是第1栏的其中数，只填写本期认证相符且本期申报抵扣的部分。

3. 第3栏"前期认证相符且本期申报抵扣"：反映前期认证相符且本期申报抵扣的防伪税控"增值税专用发票"、"货物运输业增值税专用发票"和税控"机动车销售统一发票"的情况。辅导期纳税人依据税务机关告知的稽核比对结果通知书及明细清单注明的稽核相符的税控增值税专用发票填写本栏。本栏是第1栏的其中数，只填写前期认证相符且本期申报抵扣的部分。

4. 第4栏"（二）其他扣税凭证"：反映本期申报抵扣的除税控增值税专用发票之外的其他扣税凭证的情况。具体包括：海关进口增值税专用缴款书、农产品收购发票或者销售发票（含农产品核定扣除的进项税额）、代扣代缴税收缴款凭证和运输费用结算单据。该栏应等于第5栏至第8栏之和。

5. 第5栏"海关进口增值税专用缴款书"：反映本期申报抵扣的海关进口增值税专用缴款书的情况。按规定执行海关进口增值税专用缴款书先比对后抵扣的，纳税人需依据税务机关告知的稽核比对结果通知书及明细清单注明的稽核相符的海关进口增值税专用缴款书填写本栏。

6. 第6栏"农产品收购发票或者销售发票"：反映本期申报抵扣的农产品收购发票和农产品销售普通发票的情况。执行农产品增值税进项税额核定扣除办法的，填写当期允许抵扣的农产品增值税进项税额，不填写"份数"、"金额"。

7. 第7栏"代扣代缴税收缴款凭证"：填写本期按规定准予抵扣的中华人民共和国税收缴款凭证上注明的增值税额。

8. 第8栏"运输费用结算单据"：反映按规定本期可以申报抵扣的交通运输费用结算单据的情况。

9. 第11栏"（三）外贸企业进项税额抵扣证明"：填写本期申报抵扣的税务机关出口退税部门开具的《出口货物转内销证明》列明允许抵扣的进项税额。

10. 第12栏"当期申报抵扣进项税额合计"：反映本期申报抵扣进项税额的合计数。按表中所列公式计算填写。

（三）第13栏至第23栏"二、进项税额转出额"各栏：分别反映纳税人已经抵扣但按规定应在本期转出的进项税额明细情况。

1. 第13栏"本期进项税额转出额"：反映已经抵扣但按规定应在本期转出的进项税额合计数。按表中所列公式计算填写。

2. 第14栏"免税项目用"：反映用于免征增值税项目，按规定应在本期转出的进项税额。

3. 第15栏"非应税项目、集体福利、个人消费用"：反映用于非增值税应税项目、集体福利或者个人消费，按规定应在本期转出的进项税额。

4. 第16栏"非正常损失"：反映纳税人发生非正常损失，按规定应在本期转出的进项税额。

5. 第17栏"简易计税方法征税项目用"：反映用于按简易计税方法征税项目，按规定应在本期转出的进项税额。

营业税改征增值税的纳税人，应税服务按规定汇总计算缴纳增值税的分支机构，当期应由总机构汇总的进项税额也填入本栏。

6. 第18栏"免抵退税办法不得抵扣的进项税额"：反映按照免、抵、退税办法的规定，由于征税税率与退税税率存在税率差，在本期应转出的进项税额。

7. 第19栏"纳税检查调减进项税额"：反映税务、财政、审计部门检查后而调减的进项税额。

8. 第20栏"红字专用发票通知单注明的进项税额"：填写主管税务机关开具的《开具红字增值税专用发票通知单》、《开具红字货物运输业增值税专用发票通知单》等注明的在本期应转出的进项税额。

9. 第21栏"上期留抵税额抵减欠税"：填写本期经税务机关同意，使用上期留抵税额抵减欠税的数额。

10. 第22栏"上期留抵税额退税"：填写本期经税务机关批准的上期留抵税额退税额。

11. 第23栏"其他应作进项税额转出的情形"：反映除上述进项税额转出情形外，其他应在本期转出的进项税额。

（四）第24栏至第34栏"三、待抵扣进项税额"各栏：分别反映纳税人已经取得，但按税法规定不符合抵扣条件，暂不予在本期申报抵扣的进项税额情况及按税法规定不允许抵扣的进项税额情况。

1. 第24栏至第28栏均包括防伪税控"增值税专用发票"、"货物运输业增值税专用发票"和税控"机动车销售统一发票"的情况。

2. 第25栏"期初已认证相符但未申报抵扣"：反映前期认证相符，但按照税法规定暂不予抵扣及不允许抵扣，结存至本期的税控增值税专用发票情况。辅导期纳税人填写认证相符但未收到稽核比对结果的税控增值税专用发票期初情况。

3. 第26栏"本期认证相符且本期未申报抵扣"：反映本期认证相符，但按税法规定暂不予抵扣及不允许抵扣，而未申报抵扣的税控增值税专用发票情况。辅导期纳税人填写本期认证相符但未收到稽核比对结果的税控增值税专用发票情况。

4. 第27栏"期末已认证相符但未申报抵扣"：反映截至本期期末，按照税法规定仍暂不予抵扣及不允许抵扣且已认证相符的税控增值税专用发票情况。辅导期纳税人填写截至本期期末已认证相符但未收到稽核比对结果的税控增值税专用发票期末情况。

5. 第28栏"其中：按照税法规定不允许抵扣"：反映截至本期期末已认证相符但未申报抵扣的税控增值税专用发票中，按照税法规定不允许抵扣的税控增值税专用发票情况。

6. 第29栏"（二）其他扣税凭证"：反映截至本期期末仍未申报抵扣的除税控增值税专用发票之外的其他扣税凭证情况。具体包括：海关进口增值税专用缴款书、农产品收购发票或者销售发票、代扣代缴税收缴款凭证和运输费用结算单据。该栏应等于第30栏至第33栏之和。

7. 第30栏"海关进口增值税专用缴款书"：反映已取得但截至本期期末仍未申报抵扣的海关进口增值税专用缴款书情况，包括纳税人未收到稽核比对结果的海关进口增值税专用缴款书情况。

8. 第31栏"农产品收购发票或者销售发票"：反映已取得但截至本期期末仍未申报抵扣的农产品收购发票和农产品销售普通发票情况。

9. 第32栏"代扣代缴税收缴款凭证"：反映已取得但截至本期期末仍未申报抵扣的代扣代缴税收缴款凭证情况。

10. 第33栏"运输费用结算单据"：反映已取得但截至本期期末仍未申报抵扣的运输费用结算单据情况。

（五）第35栏至第36栏"四、其他"各栏。

1. 第35栏"本期认证相符的税控增值税专用发票"：反映本期认证相符的防伪税控"增值税专用发票"、"货物运输业增值税专用发票"和税控"机动车销售统一发票"的情况。

2. 第36栏"代扣代缴税额"：填写纳税人根据《中华人民共和国增值税暂行条例》第十八条扣缴的应税劳务增值税额与根据营业税改征增值税有关政策规定扣缴的应税服务增值税额之和。

4. 《增值税纳税申报表附列资料（三）》（应税服务扣除项目明细）及填制要求

表3-4　增值税纳税申报表附列资料（三）
（应税服务扣除项目明细）

税款所属时间：　　年　月　日至　　年　月　日
纳税人名称（公章）：　　　　　　　　　　　　单位：元（列至角分）

项目及栏次	本期应税服务价税合计额（免税销售额）	应税服务扣除项目				
		期初余额	本期发生额	本期应扣除金额	本期实际扣除金额	期末余额
	1	2	3	4=2+3	5(5≤1且5≤4)	6=4-5
17%税率的有形动产租赁服务						
11%税率的应税服务						
6%税率的应税服务						
3%征收率的应税服务						
免抵退税的应税服务						
免税的应税服务						

填表说明：

（一）本表由营业税改征增值税应税服务有扣除项目的纳税人填写。其他纳税人不填写。

（二）"税款所属时间"、"纳税人名称"的填写同主表。

（三）第1列"本期应税服务价税合计额（免税销售额）"：营业税改征增值税的应税服务属于征税项目的，填写扣除之前的本期应税服务价税合计额；营业税改征增值税的应税服务属于免抵退税或免税项目的，填写扣除之前的本期应税服务免税销售额。本列各行次等于《附列资料（一）》第11列对应行次。

营业税改征增值税的纳税人，应税服务按规定汇总计算缴纳增值税的分支机构，本列各行次之和等于《附列资料（一）》第11列第13行。

（四）第2列"应税服务扣除项目"、"期初余额"：填写应税服务扣除项目上期期末结存的金额，试点实施之日的税款所属期填"0"。本列各行次等于上期《附列资料（三）》第6列对应行次。

（五）第3列"应税服务扣除项目"、"本期发生额"：填写本期取得的按税法规定准予扣除的应税服务扣除项目金额。

（六）第4列"应税服务扣除项目"、"本期应扣除金额"：填写应税服务扣除项目本期应扣除的金额。本列各行次＝第2列对应各行次＋第3列对应各行次。

（七）第5列"应税服务扣除项目"、"本期实际扣除金额"：填写应税服务扣除项目本期实际扣除的金额。本列各行次≤第4列对应各行次且本列各行次≤第1列对应各行次。

（八）第6列"应税服务扣除项目"、"期末余额"：填写应税服务扣除项目本期期末结存的金额。本列各行次＝第4列对应各行次－第5列对应各行次。

5.《增值税纳税申报表附列资料（四）》（税额抵减情况表）及填制要求

表3－5　增值税纳税申报表附列资料（四）
（税额抵减情况表）

税款所属时间：　　　年　　月　　日至　　　年　　月　　日

纳税人名称（公章）：　　　　　　　　　　　　　　　　单位：元（列至角分）

序号	抵减项目	期初余额	本期发生额	本期应抵减税额	本期实际抵减税额	期末余额
		1	2	3 = 1 + 2	4≤3	5 = 3 - 4
1	增值税税控系统专用设备费用及技术维护费					
2	分支机构预征缴纳税款					
3						
4						
5						
6						

填表说明：

本表第1行由发生增值税税控系统专用设备费用和技术维护费的纳税人填写，反映纳税人增值税税控系统专用设备费用和技术维护费按规定抵减增值税应纳税额的情况。本表第2行由营业税改征增值税纳税人，应税服务按规定汇总计算缴纳增值税的总机构填写，反映其分支机构预征缴纳税款抵减总机构应纳增值税税额的情况。其他纳税人不填写本表。

6. 《固定资产进项税额抵扣情况表》及填制要求

表3-6　固定资产进项税额抵扣情况表

纳税人名称（公章）：　　　　填表日期：　　年　月　日　　　单位：元（列至角分）

项　目	当期申报抵扣的固定资产进项税额	申报抵扣的固定资产进项税额累计
增值税专用发票		
海关进口增值税专用缴款书		
合　计		

填表说明：

本表反映纳税人在《附列资料（二）》"一、申报抵扣的进项税额"中固定资产的进项税额。本表按增值税专用发票、海关进口增值税专用缴款规定分别填写。税控《机动车销售统一发票》填入增值税专用发票栏内。

7. 《增值税纳税申报表》（小规模纳税人适用）及填制要求

表3-7　增值税纳税申报表
（小规模纳税人适用）

纳税人识别号：□□□□□□□□□□□□□□□

税款所属期：　　年　月　日至　　年　月　日　填表日期：　　年　月　日

纳税人名称（公章）：　　　　　　　　　　　　　　　单位：元（列至角分）

项　目		栏次	本期数		本年累计	
			应税货物及劳务	应税服务	应税货物及劳务	应税服务
一、计税依据	（一）应征增值税不含税销售额	1				
	税务机关代开的增值税专用发票不含税销售额	2				
	税控器具开具的普通发票不含税销售额	3				
	（二）销售使用过的应税固定资产不含税销售额	4 (4≥5)		—		—
	其中：税控器具开具的普通发票不含税销售额	5		—		—
	（三）免税销售额	6 (6≥7)				
	其中：税控器具开具的普通发票销售额	7				
	（四）出口免税销售额	8 (8≥9)				
	其中：税控器具开具的普通发票销售额	9				

续表

项目		栏次	本期数		本年累计	
			应税货物及劳务	应税服务	应税货物及劳务	应税服务
二、税款计算	本期应纳税额	10				
	本期应纳税额减征额	11				
	应纳税额合计	12＝10－11				
	本期预缴税额	13			—	—
	本期应补（退）税额	14＝12－13			—	—

纳税人或代理人声明：本纳税申报表是根据国家税收法律法规及相关规定填报的，我确定它是真实的、可靠的、完整的。	如纳税人填报，由纳税人填写以下各栏：	
	办税人员：	财务负责人：
	法定代表人：	联系电话：
	如委托代理人填报，由代理人填写以下各栏：	
	代理人名称（公章）：	经办人：
		联系电话：

主管税务机关：　　　　接收人：　　　　接收日期：

填表说明：

（一）本表"应税货物及劳务"与"应税服务"各项目应分别填写。

（二）"税款所属期"是指纳税人申报的增值税应纳税额的所属时间，应填写具体的起止年、月、日。

（三）"纳税人识别号"栏，填写纳税人的税务登记证号码。

（四）"纳税人名称"栏，填写纳税人单位名称全称。

（五）第1栏"应征增值税不含税销售额"：填写应税货物及劳务、应税服务的不含税销售额，不包括销售使用过的应税固定资产和销售旧货的不含税销售额、免税销售额、出口免税销售额、查补销售额。

应税服务有扣除项目的纳税人，本栏填写扣除后的不含税销售额，与当期《增值税纳税申报表（小规模纳税人适用）附列资料》第8栏数据一致。

（六）第2栏"税务机关代开的增值税专用发票不含税销售额"：填写税务机关代开的增值税专用发票销售额合计。

（七）第3栏"税控器具开具的普通发票不含税销售额"：填写税控器具开具的应税货物及劳务、应税服务的普通发票注明的金额换算的不含税销售额。

（八）第4栏"销售使用过的应税固定资产不含税销售额"：填写销售自己使用过的应税固定资产和销售旧货的不含税销售额，销售额＝含税销售额÷（1＋3%）。

（九）第5栏"税控器具开具的普通发票不含税销售额"：填写税控器具开具的销售自己使用过的应税固定资产和销售旧货的普通发票金额换算的不含税销售额。

（十）第6栏"免税销售额"：填写销售免征增值税应税货物及劳务、免征增值税应税服务的销售额。

应税服务有扣除项目的纳税人，填写扣除之前的销售额。

（十一）第7栏"税控器具开具的普通发票销售额"：填写税控器具开具的销售免征增值税应税货物及劳务、免征增值税应税服务的普通发票销售额。

（十二）第8栏"出口免税销售额"：填写出口免征增值税应税货物及劳务、出口免征增值税应税服务的销售额。应税服务有扣除项目的纳税人，填写扣除之前的销售额。

（十三）第9栏"税控器具开具的普通发票销售额"：填写税控器具开具的出口免征增值税应税货物及劳务、出口免征增值税应税服务的普通发票销售额。

（十四）第10栏"本期应纳税额"：填写本期按征收率计算缴纳的应纳税额。

（十五）第11栏"本期应纳税额减征额"：填写纳税人本期按照税法规定减征的增值税应纳税额。包含可在增值税应纳税额中全额抵减的增值税税控系统专用设备费用以及技术维护费，可在增值税应纳税额中抵免的购置税控收款机的增值税税额。其抵减、抵免增值税应纳税额情况，需填报《增值税纳税申报表附列资料（四）》（税额抵减情况表）予以反映。无抵减、抵免情况的纳税人，不填报此表。

当本期减征额小于或等于第10栏"本期应纳税额"时，按本期减征额实际填写；当本期减征额大于第10栏"本期应纳税额"时，按本期第10栏填写，本期减征额不足抵减部分结转下期继续抵减。

（十六）第13栏"本期预缴税额"：填写纳税人本期预缴的增值税额，但不包括查补缴纳的增值税额。

8.《增值税纳税申报表（小规模纳税人适用）附列资料》及填制要求

表3-8　增值税纳税申报表（小规模纳税人适用）附列资料

税款所属期：　年　月　日至　年　月　日　填表日期：　年　月　日

纳税人名称（公章）：　　　　　　　　　　　　　　　　　单位：元（列至角分）

应税服务扣除额计算			
期初余额	本期发生额	本期扣除额	期末余额
1	2	3（3≤1+2，且3≤5）	4=1+2-3
应税服务计税销售额计算			
全部含税收入	本期扣除额	含税销售额	不含税销售额
5	6=3	7=5-6	8=7÷1.03

填表说明：

本附列资料由应税服务有扣除项目的纳税人填写，各栏次均不包含免征增值税应税服务数额。

（一）"税款所属期"是指纳税人申报的增值税应纳税额的所属时间，应填写具体的起止年、月、日。

（二）"纳税人名称"栏，填写纳税人单位名称全称。

（三）第1栏"期初余额"：填写应税服务扣除项目上期期末结存的金额，试点实施之日的税款所属期填写"0"。

（四）第2栏"本期发生额"：填写本期取得的按税法规定准予扣除的应税服务扣除项目金额。

（五）第3栏"本期扣除额"：填写应税服务扣除项目本期实际扣除的金额。

第3栏"本期扣除额"≤第1栏"期初余额"+第2栏"本期发生额"之和，且第3栏"本期扣除额"≤第5栏"全部含税收入"。

（六）第4栏"期末余额"：填写应税服务扣除项目本期期末结存的金额。

（七）第5栏"全部含税收入"：填写纳税人提供应税服务取得的全部价款和价外费用数额。

（八）第6栏"本期扣除额"：填写本附列资料第3栏"本期扣除额"数据。

第6栏"本期扣除额"=第3栏"本期扣除额"。

（九）第7栏"含税销售额"：填写应税服务的含税销售额。

第7栏"含税销售额"=第5栏"全部含税收入"-第6栏"本期扣除额"。

（十）第8栏"不含税销售额"：填写应税服务的不含税销售额。

第8栏"不含税销售额"=第7栏"含税销售额"÷1.03，与《增值税纳税申报表（小规模纳税人适用）》第1栏"应征增值税不含税销售额"、"本期数"、"应税服务"栏数据一致。

举一反三（练一练/练习题）

（1）通达酒业有限公司（工业企业）为增值税一般纳税人。

2014年1月发生如下业务：

1）销售情况：

业务一：销售粮食白酒，开具增值税专用发票，销售额400000元，销项税额68000元。

业务二：销售薯类白酒，开具增值税专用发票，销售额100000元，销项税额17000元。

2）进项税额的情况：

业务三：购进材料一批，取得增值税专用发票，金额200000元，税额34000元。

业务四：当月支付运费增值税专用发票金额合计为2000元，增值税为220元。

业务五：本月购入一台包装机取得增值税专用发票，价款为5000元，增值税为850元。

注：本月取得的所有进项增值税发票均通过认证，上月已认证留抵的进项税额为30000元。

根据以上资料，填制一般纳税人增值税纳税申报表及附列资料。

（2）华兴机械厂为增值税小规模纳税人，2013年7月，税务机关代开的增值税专用发票不含税销售额合计为50000元，本厂税控器具开具的普通发票不含税销售额为80000元，对外加工收入开具的普通发票不含税销售额为5000元。

根据以上资料，填制小规模纳税人增值税纳税申报表。

实习手册

武强下班后，将今天的实习内容登记在自己的实习手册中。

实习手册

项 目	记录内容
1. 增值税纳税申报期限是什么	
2. 一般纳税人增值税纳税申报表如何填制	
3. 小规模纳税人增值税纳税申报表如何填制	

记录人： 时间： 年 月 日

任务五　增值税专用发票的使用与管理

情景引例

武强懂得了增值税的相关知识，但是未使用电脑开过增值税发票，所以不知道如何开具增值税发票和开发票时应注意事项。因此，向郝师傅请教，郝师傅告诉了他开具方法，并告诉他增值税发票非常重要，平时要严加保管，使用也是有规定的。郝师傅到底告诉了武强哪些内容呢，一起学习一下吧。

知识链接

专用发票是增值税一般纳税人销售货物、提供应税劳务开具的发票，是购买方支付增值税额并可按照增值税有关规定据以抵扣增值税进项税额的凭证。一般纳税人应通过增值税防伪税控系统使用专用发票。

一、专用发票的领购

增值税一般纳税人向主管税务机关申请领购增值税专用发票。

增值税一般纳税人初次申请领购专用发票时，应提供以下证件、资料：

（1）《税务登记证》（副本）。

（2）防伪税控 IC 卡。

（3）经办人身份证明（居民身份证、护照）。

再次申请领购专用发票时，只需携带税控 IC 卡即可。

对资料齐备、手续齐全、符合条件而又无违反增值税专用发票管理规定行为的，主管税务机关办税服务厅发售增值税专用发票，并按规定价格收取发票工本费，同时开具完税凭证交纳税人。

二、专用发票的开票限额

专用发票实行最高开票限额管理。最高开票限额是指单份专用发票开具的销售额合计数不得达到的上限额度。

最高开票限额由一般纳税人申请，税务机关依法审批。最高开票限额为 10 万元及以下的，由区（县）级税务机关审批；最高开票限额为 100 万～1000 万元的，由地市级税务机关审批；最高开票限额为 1000 万元及以上的，由省级税务机关审批。

防伪税控系统的具体发行工作由区县级税务机关负责。

三、专用发票的联次及用途

专用发票由基本联次或基本联次附加其他联次构成，基本联次为 3 联，分别为：

（1）发票联，作为购买方核算采购成本和增值税进项税额的记账凭证。

（2）抵扣联，作为购买方报送主管税务机关认证和留存备查的凭证。

（3）记账联，作为销售方核算销售收入和增值税销项税额的记账凭证。

其他联次用途，由一般纳税人自行确定。

四、不得开具的项目

（1）向消费者个人销售货物或应税劳务。

（2）销售货物或应税劳务使用免税规定的。

（3）小规模纳税人销售货物或应税劳务。

五、专用发票开具要求

（1）字迹清楚。

（2）不得涂改。

（3）项目填写齐全。

（4）票、物相符，票面金额与实际收取的金额相符。

（5）各项目内容正确无误。

（6）全部联次一次开具，上、下联的内容、金额、税额一致。

（7）发票联和抵扣联加盖财务专用章或发票专用章。

（8）按照规定的时限开具专用发票（限时开具、限额开具）。

六、加强专用发票的管理

1. 关于被盗、丢失增值税专用发票处理

对此情况处 1 万元以下的罚款，并可视具体情况，对丢失专用发票的纳税人，在一定期限内（最长不超过半年）停止领购专用发票；对纳税人申报遗失的专用发票，如发现非法代开、虚开问题的，该纳税人应承担偷税、骗税的连带责任。

2. 关于代开、虚开的增值税专用发票处理

代开、虚开发票的行为都是严重的违法行为。对代开、虚开专用发票的按票面所列货物的适用税率全额补税，并按偷税给予处罚。对纳税人取得代开、虚开的增值税专用发票，不得作为增值税合法抵扣凭证抵扣进项税额。

实习手册

武强下班后，将今天的实习内容登记在自己的实习手册中。

实习手册

项　目	记录内容
1. 什么是增值税专用发票	
2. 增值税专用发票与一般发票有什么区别	
3. 增值税专用发票开具的要求有哪些	

记录人：　　　　　　　　　　　时间：　　　年　　月　　日

知识拓展

零税率与免税的区别

零税率	免税
国家在这一环节是要征税，但税率很低，趋近于零	国家对特定纳税人的某一商品或劳务在特定的环节（期间）免征全部税款
应纳增值税 = 当期销项税额 − 当期进项税额	
在出口环节适用零税率，当期销项税额为零，则以前各环节所缴纳的增值税税款都可以在出口环节通过税额抵扣，形成出口退税	除法律另有规定外，一般不能进行进项税额抵扣

项目四　消费税

任务一　初识消费税

情景引例

在我国现行的税制中，消费税是中央财政收入中仅次于增值税的第二大税。在学习掌握了增值税的核算申报知识后，武强还需要学习消费税的核算、账务处理和纳税申报。

武强的疑问：什么是消费税呢？

知识链接

一、消费税的纳税人

消费税的纳税人包括以下五种：

（1）应税产品的生产者（工业企业）。

（2）应税产品的进口者。

（3）应税产品的委托加工者。

（4）卷烟批发商。

（5）金银首饰、钻石饰品的零售商。

二、消费税的征税范围

消费税的征税范围共设置了 13 个税目，包括五种类型的产品（即消费税的应税产品）：

第一类：一些过度消费会对人类健康、社会秩序、生态环境等方面造成危害的特殊消费品，如烟、酒及酒精、烟花爆竹；

第二类：奢侈品、非生活必需品，如化妆品、贵重首饰及珠宝玉石；

第三类：高能耗及高档消费品，如小汽车、游艇、高档手表、高尔夫球及球具；

第四类：稀缺资源产品，如成品油、木制一次性筷子、实木地板；

第五类：具有一定财政意义的产品，如摩托车。

三、消费税的税目、税率

消费税的税率分为三种：

1. 比例税率

一般应税产品从价计税，按法定比例计算应纳税额，该法定比例通常采用固定的百分比形式。

2. 定额税率

部分产品从量计税，定额税率又称固定税率，指按征税对象的一定单位直接规定固定的税额，适用于黄酒、啤酒、成品油。

3. 复合税率

即对应税产品同时采用比例税率和定额税率双重计税，适用于卷烟、白酒。

具体税率详见消费税税目、税率表（见表 4 - 1）。

表 4 - 1　消费税税目、税率表

税　目	税　率
一、烟	
1. 卷烟	
（1）甲类卷烟	56%（比例税率）加 0.003 元/支（生产环节）
（2）乙类卷烟	36%（比例税率）加 0.003 元/支（生产环节）
（3）批发环节	5%
2. 雪茄烟	36%
3. 烟丝	30%
二、酒	
1. 白酒	20%（比例税率）加 0.5 元/500 克（定额税率）
2. 黄酒	240 元/吨
3. 啤酒	
（1）甲类啤酒	250 元/吨
（2）乙类啤酒	220 元/吨
4. 其他酒	10%
三、化妆品	30%

续表

税　目	税　率
四、贵重首饰及珠宝玉石	
1. 金银首饰、铂金首饰和钻石及钻石饰品	5%
2. 其他贵重首饰和珠宝玉石	10%
五、鞭炮、焰火	15%
六、成品油	
1. 汽油	1.52 元/升
2. 柴油	1.20 元/升
3. 航空煤油	1.20 元/升，继续暂缓征收
4. 石脑油	1.52 元/升
5. 溶剂油	1.52 元/升
6. 润滑油	1.52 元/升
7. 燃料油	1.20 元/升
七、摩托车	
1. 气缸容量（排气量，下同）为 250 毫升的	3%
2. 气缸容量在 250 毫升以上的	10%
八、小汽车	
1. 乘用车	
（1）气缸容量（排气量，下同）在 1.0 升（含 1.0 升）以下的	1%
（2）气缸容量在 1.0 升以上至 1.5 升（含 1.5 升）的	3%
（3）气缸容量在 1.5 升以上至 2.0 升（含 2.0 升）的	5%
（4）气缸容量在 2.0 升以上至 2.5 升（含 2.5 升）的	9%
（5）气缸容量在 2.5 升以上至 3.0 升（含 3.0 升）的	12%
（6）气缸容量在 3.0 升以上至 4.0 升（含 4.0 升）的	25%
（7）气缸容量在 4.0 升以上的	40%
2. 中轻型商用客车	5%
九、高尔夫球及球具	10%
十、高档手表	20%
十一、游艇	10%
十二、木制一次性筷子	5%
十三、实木地板	5%

实习手册

武强下班后，将今天的实习内容登记在自己的实习手册中。

实习手册

项 目	记录内容
1. 消费税的概念是什么	
2. 消费税的特点有哪些	
3. 消费税的税目有多少种？消费税的税率有哪几种	
4. 消费税的应税产品有哪些	

记录人：　　　　　　　　　　　时间：　　　年　　月　　日

任务二　消费税的计算

情景引例

了解了消费税相关知识后，郝师傅对武强说：你还需要学会消费税应纳税额的计算方法。

武强的疑问：消费税应纳税额是如何计算的呢？

知识链接

根据消费税的税率情况，消费税分别采用从价计税、从量计税和复合计税三种计税方法。

实行从价计税办法征税的应税消费品，计税依据为应税消费品的销售额。

实行从量计税办法征税的应税消费品，包括黄酒、啤酒、成品油，计税依据为应税消费品的实物量，如重量、容积、数量等。

实行复合计税办法征税的应税消费品，包括卷烟、白酒，计税依据为应税消费品的销售额和实物量。

一、生产者销售应税产品，批发商销售卷烟和零售商销售金银首饰、钻石饰品应纳消费税的计算

（一）从价计税的产品

应纳税额 = 应税消费品的销售额 × 适用比例税率

（二）从量计税的产品

应纳税额 = 销售量 × 适用定额税率

（三）复合计税的产品

应纳税额＝销售量×适用定额税率＋销售额×适用比例税率

【案例4－1】

通达酒业有限公司（工业企业）为增值税一般纳税人。2014年5月销售白酒产品开出增值税专用发票20张，销售量合计20000千克，发票合计销售额为2000000元、增值税为340000元；开出增值税普通发票5张，销售量合计40千克，含税金额合计为5000元。要求计算该企业应纳消费税额。

【解析4－1】

应纳消费税＝[2000000＋5000÷（1＋17%）]×20%＋（20000＋40）×2×0.5
＝420894.70（元）

二、委托加工应税产品应纳消费税的计算

（一）从价计税的产品

1. 委托方有同类产品的售价

应纳消费税＝加工产品数量×同类产品价格×适用比例税率

2. 受托方无同类产品的售价

应纳消费税＝组成计税价格×适用比例税率

组成计税价格＝（材料成本＋加工费）÷（1－消费税税率）

（二）从量计税的产品

应纳消费税＝加工产品数量×适用定额税率

（三）复合计税的产品

应纳消费税＝加工产品数量×适用定额税率＋加工产品数量×同类产品价格×适用比例税率

委托加工的应税消费品，由受托方在向委托方交货时代收代缴消费税；委托加工的应税消费品收回后直接用于销售的，在销售时不再缴纳消费税；收回后用于连续生产应税消费品的，其由受托方代收代缴的消费税按规定准予抵扣。

【案例4－2】

2014年9月5日，南方公司（一般纳税人）委托阳光公司加工一批应税消费品，该批材料的成本为30000元，支付的不含增值税的加工费为6000元，其适用的消费税率为10%，南方公司收回委托加工商品后直接出售，计算应由阳光公司代收代缴的消费税。

【解析4－2】

组成计税价格＝（30000＋6000）÷（1－10%）＝40000（元）

应纳消费税＝40000×10%＝4000（元）

三、进口应税产品应纳消费税的计算

（一）从价计税的产品

应纳进口消费税 = 组成计税价格×适用比例税率

组成计税价格 = （关税完税价格 + 进口关税）÷（1 - 消费税税率）

（二）从量计税的产品

应纳进口消费税 = 进口产品数量×适用定额税率

（三）复合计税的产品

应纳进口消费税 = 进口产品数量×适用定额税率 + 组成计税价格×适用比例税率

四、自产自用应税消费品（含赠送）应纳消费税的计算

纳税人自产自用的应税消费品，不是用于连续生产应税消费品，而是用于其他方面应纳消费品的（如生产的应税消费品发给职工做福利），应以纳税人生产的同类消费品的销售价格为计税依据；没有同类消费品销售价格的，按组成计税价格为计税依据。其组成计税价格的公式为：

组成计税价格 = 成本×（1 + 成本利润率）÷（1 - 消费税税率）

消费税属于价内税，粮食白酒、薯类白酒实行复合计税办法后，其组成计税价中不但包括从价定率计征的消费税，还应包括从量定额计征的消费税。新的组成计税价格公式可以推导如下：

由于：组成计税价 = 成本 + 利润 + 消费税 = 成本×（1 + 成本利润率） + 组成计税价×消费税税率 + 销售数量×定额税率

因此有：组成计税价 = [成本×（1 + 成本利润率） + 销售数量×定额税率] ÷（1 - 消费税税率）

【案例4-3】

通达酒业有限公司（工业企业）为增值税一般纳税人。2014年10月生产粮食白酒10吨，其中5吨用于连续生产滋补酒，共生产滋补酒15吨，全部售出，每吨售价8000元。其余5吨发放给职工做节日礼物，无同类产品销售价格，生产成本为9000元/吨，成本利润率为10%，计算其应纳的消费税额。

【解析4-3】

（1）该酒厂以自制粮食白酒用于连续生产滋补酒不纳税，用于其他方面的，应于移送使用环节纳税。

（2）用于其他方面的粮食白酒的应纳消费税额 = [9000×（1 + 10%）÷（1 - 20%）]×5×20% = 12375×5×20% = 12375（元）

（3）滋补酒应纳税额 = 8000×15×10% = 12000（元）

（4）该酒厂10月应纳消费税总额 = 12375 + 12000 = 24375（元）

实习手册

武强下班后，将今天的实习内容登记在自己的实习手册中。

实习手册

项 目	记录内容
1. 消费税的计税方法有哪些	
2. 消费税的计税依据是什么	

记录人： 　　　　　　　　　　时间： 　 年 　 月 　 日

任务三　消费税的核算

情景引例

今天武强一上班，郝师傅告诉武强今天的工作是进行消费税会计核算。

武强的疑问：消费税应如何核算的呢？

知识链接

一、销售应税产品应交消费税的会计处理

销售应税产品，包括生产企业出厂销售、商业批发销售卷烟、商业零售贵重首饰及珠宝玉石。

（一）申报应交消费税

借：营业税金及附加

　　贷：应交税费——应交消费税

（二）缴纳税款

借：应交税费——应交消费税

　　贷：银行存款

二、委托加工应税产品缴纳消费税的会计处理

(一) 增值税一般纳税人

1. 增值税一般纳税人企业委托加工应税产品收回后直接销售

委托加工应税产品收回后直接销售的,其支付给受托方代收的消费税,连同支付的加工费计入委托加工产品的成本;以支付加工费取得的增值税专用发票上标明的增值税金额计入"应交税费——应交增值税(进项税额)"账户。

借:委托加工物资【加工费 + 消费税】
　　应交税费——应交增值税(进项税额)【增值税】
　　　　贷:银行存款【付款总额】

2. 增值税一般纳税人企业委托加工应税产品收回后继续加工

委托加工应税产品收回后继续加工的,其支付给受托方代收的消费税,可以从继续加工后的产品销售应交消费税中抵扣,即计入"应交税费——应交消费税"科目借方;以支付加工费取得的增值税专用发票上的加工费价款金额计入委托加工产品的成本,即计入"委托加工物资"账户;以增值税金额计入"应交税费——应交增值税(进项税额)"账户。

借:委托加工物资【加工费】
　　应交税费——应交增值税(进项税额)【增值税】
　　　　　　　——应交消费税【消费税】
　　　　贷:银行存款【付款总额】

(二) 增值税小规模纳税人

1. 增值税小规模纳税人企业委托加工应税产品收回后直接销售

委托加工应税产品收回后直接销售的,其支付给受托方代收的消费税,连同支付的加工费(含增值税)计入委托加工产品的成本。

借:委托加工物资【加工费 + 消费税】
　　　　贷:银行存款【付款总额】

2. 增值税小规模纳税人企业委托加工应税产品收回后继续加工

委托加工应税产品收回后继续加工的,其支付给受托方代收的消费税,可以从继续加工后的产品销售应交消费税中抵扣,即计入"应交税费——应交消费税"科目借方;支付的加工费(含增值税)计入委托加工产品的成本。

借:委托加工物资【加工费】
　　应交税费——应交消费税【消费税】
　　　　贷:银行存款【付款总额】

(三) 非增值税纳税人企业委托加工应税产品

支付给受托方代收的消费税,连同支付的加工费(含增值税),计入委托加

工产品的成本。

　　借：委托加工物资【加工费＋消费税】
　　　　贷：银行存款【付款总额】

【案例4－4】

请根据本项目任务二中给出的案例分别做出消费税相关分录。

【解析4－4】

（1）【案例4－1】账务处理：

　　借：营业税金及附加　　　　　　　　　　　　420894.70
　　　　贷：应交税费——应交消费税　　　　　　　　420894.70

实际缴纳时：

　　借：应交税费——应交消费税　　　　　　　　420894.70
　　　　贷：银行存款　　　　　　　　　　　　　　　420894.70

（2）【案例4－2】账务处理：

　　借：委托加工物资　　　　　　　　　　　　　　4000
　　　　贷：银行存款　　　　　　　　　　　　　　　　4000

（3）【案例4－3】账务处理：

　　借：营业税金及附加　　　　　　　　　　　　　24375
　　　　贷：应交税费——应交消费税　　　　　　　　　24375

实际缴纳时：

　　借：应交税费——应交消费税　　　　　　　　　24375
　　　　贷：银行存款　　　　　　　　　　　　　　　24375

实习手册

武强下班后，将今天的实习内容登记在自己的实习手册中。

实习手册

项　目	记录内容
1. 申报应缴消费税如何进行会计处理	
2. 缴纳消费税如何进行会计处理	

记录人：　　　　　　　　　　　　　时间：　　年　　月　　日

任务四 消费税纳税申报资料的填制

情景引例

又到了月末，是填制消费税纳税申报资料的时间了。

武强的疑问：消费税应如何申报呢？

知识链接

一、纳税期限和申报期限

消费税的纳税期限分别为 1 日、3 日、5 日、10 日、15 日、1 个月或者 1 个季度。纳税人的具体纳税期限，由主管税务机关根据纳税人应纳税额的大小分别核定。

纳税人以 1 个月或者 1 个季度为纳税期限的，自期满之日起 15 日内申报纳税；以 1 日、3 日、5 日、10 日或者 15 日为纳税期限的，自期满之日起 5 日内预缴税款，于次月 1 日起 15 日内申报并结清上月应纳税款。

二、纳税申报表的填制

（一）《烟类应税消费品消费税纳税申报表》及填写说明

表 4-2 烟类应税消费品消费税纳税申报表

税款所属期： 年 月 日至 年 月 日

纳税人名称（公章）：

纳税人识别号：

填表日期： 年 月 日

单位：（卷烟）万支、（雪茄烟）支、（烟丝）千克；元（列至角分）

项目\应税消费品名称	适用税率		销售数量	销售额	应纳税额
	定额税率	比例税率（%）			
甲类卷烟	30 元/万支	56			
乙类卷烟	30 元/万支	36			
雪茄烟	—	36			
烟丝	—	30			
合计	—	—			

续表

本期准予扣除税额：	声明 　　此纳税申报表是根据国家税收法律的规定填报的，我确定它是真实的、可靠的、完整的。
本期减（免）税额：	经办人（签章）： 　　财务负责人（签章）：
期初未缴税额：	联系电话：
本期缴纳前期应纳税额：	（如果你已委托代理人申报，请填写） 　　　　　　　授权声明
本期预缴税额：	为代理一切税务事宜，现授权_____（地址）_____
本期应补（退）税额：	为本纳税人的代理申报人，任何与本申报表有关的往来文件，都可寄予此人。
期末未缴税额：	授权人签章：

以下由税务机关填写

受理人（签章）：　　　受理日期：　　年　月　日　　受理税务机关（章）：

填表说明：

一、本表仅限烟类消费税纳税人使用。

二、本表"销售数量"为《中华人民共和国消费税暂行条例》、《中华人民共和国消费税暂行条例实施细则》及其他法规、规章规定的当期应申报缴纳消费税的烟类应税消费品销售（不含出口免税）数量。

三、本表"销售额"为《中华人民共和国消费税暂行条例》、《中华人民共和国消费税暂行条例实施细则》及其他法规、规章规定的当期应申报缴纳消费税的烟类应税消费品销售（不含出口免税）收入。

四、根据《中华人民共和国消费税暂行条例》和《财政部、国家税务总局关于调整烟类产品消费税政策的通知》（财税〔2001〕91号）的规定，本表"应纳税额"计算公式如下：

（一）卷烟。

应纳税额＝销售数量×定额税率＋销售额×比例税率

（二）雪茄烟、烟丝。

应纳税额＝销售额×比例税率

五、本表"本期准予扣除税额"按本表附1的本期准予扣除税款合计金额填写。

六、本表"本期减（免）税额"不含出口退（免）税额。

七、本表"期初未缴税额"填写本期期初累计应缴未缴的消费税额，多缴为负数。其数值等于上期"期末未缴税额"。

八、本表"本期缴纳前期应纳税额"填写本期实际缴纳入库的前期消费税额。

九、本表"本期预缴税额"填写纳税申报前已预先缴纳入库的本期消费税额。

十、本表"本期应补（退）税额"计算公式如下，多缴为负数：

本期应补（退）税额＝应纳税额（合计栏金额）－本期准予扣除税额－本期减（免）税额－本期预缴税额

十一、本表"期末未缴税额"计算公式如下，多缴为负数：

期末未缴税额＝期初未缴税额＋本期应补（退）税额－本期缴纳前期应纳税额

十二、本表为A4竖式，所有数字小数点后保留两位。一式两份，一份纳税人留存，一份税务机关留存。

附1　本期准予扣除税额计算表：（略）。

附2　本期代收代缴税额计算表：（略）。

· 73 ·

（二）《成品油消费税纳税申报表》及填写说明

表4-3　成品油消费税纳税申报表

税款所属期：　年　月　日至　年　月　日

纳税人名称（公章）：

纳税人识别号：□□□□□□□□□□□□□□□

填表日期：　年　月　日　　　　　　　单位：升、元（列至角分）

应税消费品名称＼项目	适用税率（元/升）	销售数量	应纳税额
汽油	1.12		
	1.40		
	1.52		
柴油	0.94		
	1.10		
	1.20		
石脑油	1.12		
	1.40		
	1.52		
溶剂油	1.12		
	1.40		
	1.52		
润滑油	1.12		
	1.40		
	1.52		
燃料油	0.94		
	1.10		
	1.20		
航空煤油	0.94		—
	1.10		—
	1.20		—
合计	—	—	

本期减（免）税额：	
期初留抵税额：	**声明**
本期准予扣除税额：	此纳税申报表是根据国家税收法律、法规规定填报的，我确定它是真实的、可靠的、完整的。
本期应抵扣税额：	
期初未缴税额：	声明人签字：
期末留抵税额：	
本期实际抵扣税额：	
本期缴纳前期应纳税额：	（如果你已委托代理人申报，请填写）
本期预缴税额：	**授权声明**
	为代理一切税务事宜，现授权_____（地址）
本期应补（退）税额：	_____为本纳税人的代理申报人，任何与本申报表有关的往来文件，都可寄予此人。
期末未缴税额：	授权人签字：

以下由税务机关填写

受理人（签字）： 受理日期： 年 月 日 受理税务机关（公章）：

填表说明：

一、本表仅限成品油消费税纳税人使用。

二、本表"税款所属期"是指纳税人申报的消费税应纳税额的所属时间，应填写具体的起止年、月、日。

三、本表"纳税人识别号"栏，填写纳税人的税务登记证号码。

四、本表"纳税人名称"栏，填写纳税人单位名称全称。

五、本表"销售数量"栏，填写按照税收法规规定本期应当申报缴纳消费税的成品油应税消费品销售（不含出口免税）数量。

六、本表"应纳税额"栏，填写本期按适用税率计算缴纳的消费税应纳税额，计算公式为：

应纳税额＝销售数量×适用税率

"应纳税额"合计栏等于汽油、柴油、石脑油、溶剂油、润滑油、燃料油"应纳税额"的合计数。

七、本表"本期减（免）税额"栏，填写本期按照税收法规规定减免的消费税应纳税额，不包括暂缓征收的项目。其减免的消费税应纳税额情况，需填报本表附2《本期减（免）税额计算表》予以反映。

本栏数值与本表附2《本期减（免）税额计算表》"本期减（免）税额"合计栏数值一致。

八、本表"期初留抵税额"栏按上期申报表"期末留抵税额"栏数值填写。

九、本表"本期准予扣除税额"栏，按税收法规规定填写，外购、进口或委托加工收回汽油、柴油、石脑油、润滑油、燃料油后连续生产应税消费品准予扣除汽油、柴油、石脑油、润滑油、燃料油的消费税已纳税款。其准予扣除的已纳税额情况，需填报本表附1《本期准予扣除税额计算表》予以反映。

本栏数值与本表附1《本期准予扣除税额计算表》"本期准予扣除税款"合计栏数值一致。

十、本表"本期应抵扣税额"栏，填写纳税人本期应抵扣的消费税税额，计算公式为：

本期应抵扣税额＝期初留抵税额＋本期准予抵扣税额

十一、本表"期初未缴税额"栏，填写本期期初累计应缴未缴的消费税额，多缴为负数。其数值等于上期申报表"期末未缴税额"栏数值。

十二、本表"期末留抵税额"栏，计算公式如下，其值大于零时按实际数值填写，小于等于零时填写零：

期末留抵税额＝本期应抵扣税额－应纳税额（合计栏金额）＋本期减（免）税额

十三、本表"本期实际抵扣税额"栏，填写纳税人本期实际抵扣的消费税税额，计算公式为：

本期实际抵扣税额＝本期应抵扣税额－期末留抵税额

十四、本表"本期缴纳前期应纳税额"栏，填写纳税人本期实际缴纳入库的前期应缴未缴消费税额。

十五、本表"本期预缴税额"栏，填写纳税申报前纳税人已预先缴纳入库的本期消费税额。

十六、本表"本期应补（退）税额"栏，填写纳税人本期应纳税额中应补缴或应退回的数额，计算公式如下，多缴为负数：

本期应补（退）税额＝应纳税额（合计栏金额）－本期减（免）税额－本期实际抵扣税额－本期预缴税额

十七、本表"期末未缴税额"栏，填写纳税人本期期末应缴未缴的消费税额，计算公式如下，多缴为负数：

期末未缴税额＝期初未缴税额＋本期应补（退）税额－本期缴纳前期应纳税额

十八、本表为A4竖式，所有数字小数点后保留两位。一式两份，一份纳税人留存，一份税务机关留存。

附1　本期准予扣除税额计算表：（略）。

附2　本期减免税额计算表：（略）。

（三）《小汽车消费税纳税申报表》及填写说明

表4－4　小汽车消费税纳税申报表

税款所属期：　　　年　月　日至　　　年　月　日

纳税人名称（公章）：

纳税人识别号： ☐☐☐☐☐☐☐☐☐☐☐☐☐☐☐☐☐☐

填表日期：　　　年　月　日　　　　　　　　　　单位：辆、元（列至角分）

项目 应税消费品名称	适用税率	销售数量	销售额	应纳税额
乘用车　气缸容量≤1.0升	1%			
1.0升＜气缸容量≤1.5升	3%			
1.5升＜气缸容量≤2.0升	5%			
2.0升＜气缸容量≤2.5升	9%			
2.5升＜气缸容量≤3.0升	12%			
3.0升＜气缸容量≤4.0升	25%			
气缸容量＞4.0升	40%			
中轻型商用客车	5%			
合计	—	—	—	

续表

本期准予扣除税额：	声明
	此纳税申报表是根据国家税收法律的规定填报的，我确定它是真实的、可靠的、完整的。
本期减（免）税额：	经办人（签章）：
	财务负责人（签章）：
期初未缴税额：	联系电话：
本期缴纳前期应纳税额：	（如果你已委托代理人申报，请填写）
	授权声明
本期预缴税额：	为代理一切税务事宜，现授权 _____（地
本期应补（退）税额：	址）_____ 为本纳税人的代理申报人，任何与本申报表有关的往来文件，都可寄予此人。
期末未缴税额：	授权人签章：

以下由税务机关填写

受理人（签章）：　　　受理日期：　　年　月　日　　受理税务机关（章）：

填表说明：

一、本表仅限小汽车消费税纳税人使用。

二、纳税人生产的改装、改制车辆，应按照《财政部国家税务总局关于调整和完善消费税政策的通知》（财税〔2006〕33 号）中规定的适用税目、税率填写本表。

三、本表"销售数量"为《中华人民共和国消费税暂行条例》、《中华人民共和国消费税暂行条例实施细则》及其他法规、规章规定的当期应申报缴纳消费税的小汽车类应税消费品销售（不含出口免税）数量。

四、本表"销售额"为《中华人民共和国消费税暂行条例》、《中华人民共和国消费税暂行条例实施细则》及其他法规、规章规定的当期应申报缴纳消费税的小汽车类应税消费品销售（不含出口免税）收入。

五、根据《中华人民共和国消费税暂行条例》的规定，本表"应纳税额"计算公式如下：

应纳税额 ＝销售额×比例税率

六、本表"本期减（免）税额"不含出口退（免）税额。

七、本表"期初未缴税额"填写本期期初累计应缴未缴的消费税额，多缴为负数。其数值等于上期"期末未缴税额"。

八、本表"本期缴纳前期应纳税额"填写本期实际缴纳入库的前期消费税额。

九、本表"本期预缴税额"填写纳税申报前已预先缴纳入库的本期消费税额。

十、本表"本期应补（退）税额"计算公式如下，多缴为负数：

本期应补（退）税额 ＝应纳税额（合计栏金额）－本期减（免）税额－本期预缴税额

十一、本表"期末未缴税额"计算公式如下，多缴为负数：

期末未缴税额 ＝期初未缴税额＋本期应补（退）税额－本期缴纳前期应纳税额

十二、本表为 A4 竖式，所有数字小数点后保留两位。一式两份，一份纳税人留存，一份税务机关留存。

附 1　本期代收代缴税额计算表：（略）。

附 2　生产经营情况表：（略）。

【案例 4 – 5】

通达酒业有限公司（工业企业）为增值税一般纳税人。2014 年 10 月销售白酒产品开出增值税专用发票 20 张，销售量合计 20000 千克，发票合计销售额为 2000000 元、增值税为 340000 元；开出增值税普通发票 5 张，销售量合计 40 千克，含税金额合计为 5000 元，换算的不含税销售额为 4273.50 元，增值税为 726.50 元。

应纳消费税 =（2000000 + 4273.50）× 20% +（20000 + 40）× 2 × 0.5 = 420894.70（元）

要求：据以填制消费税纳税申报表。

【解析 4 – 5】

表 4 – 5　酒类应税消费品消费税纳税申报表

税款所属期：2014 年 10 月 1 日至 2014 年 10 月 31 日

纳税人名称（公章）：通达酒业有限公司

纳税人识别号：☐☐☐☐☐☐☐☐☐☐☐☐☐☐☐☐☐

填表日期：2014 年 10 月 31 日　　　　　　　　单位：元（列至角分）

应税消费品名称 \ 项目	适用税率 定额税率	比例税率	销售数量	销售额	应纳税额
白酒（定额税率）	0.5 元/斤		40080		20040.00
白酒（比例税率）		20%		2004273.50	400854.70
甲类啤酒					
乙类啤酒					
黄酒					
其他酒					
合计	—	—	—	—	420894.70

本期准予抵减税额：

本期减（免）税额：

期初未缴税额：

本期缴纳前期应纳税额：

本期预缴税额：

本期应补（退）税额：

期末未缴税额：

声明

此纳税申报表是根据国家税收法律的规定填报的，我确定它是真实的、可靠的、完整的。

经办人（签章）：

财务负责人（签章）：

联系电话：

（如果你已委托代理人申报，请填写）

授权声明

为代理一切税务事宜，现授权_____（地址）_____为本纳税人的代理申报人，任何与本申报表有关的往来文件，都可寄予此人。

授权人签章：

【案例 4 - 6】

喜庆鞭炮厂为增值税小规模纳税人，2014 年 5 月产品销售收入 20000 元。

不含税销售额 = 20000/(1 + 3%) = 19417.48（元）

应纳消费税 = 19417.48 × 15% = 2912.62（元）

要求：据以填制消费税纳税申报表。

【解析 4 - 6】

表 4 - 6 其他应税消费品消费税纳税申报表

税款所属期： 2014 年 5 月 1 日至 2014 年 5 月 31 日

纳税人名称（公章）：喜庆鞭炮厂

纳税人识别号：

填表日期：2014 年 5 月 31 日   单位：元（列至角分）

项目 应税 消费品名称	适用税率	销售数量	计量单位	销售额	应纳税额
鞭炮焰火	15%		19417.48	2912.62	
合计	—	—	—	—	2912.62

本期准予抵减税额：	声明
	此纳税申报表是根据国家税收法律的规定填报
本期减（免）税额：	的，我确定它是真实的、可靠的、完整的。
	经办人（签章）：
	财务负责人（签章）：
期初未缴税额：	联系电话：
本期缴纳前期应纳税额：	（如果你已委托代理人申报，请填写）
	授权声明
本期预缴税额：	为代理一切税务事宜，现授权_____（地
	址）_____为本纳税人的代理申报人，任何与本
本期应补（退）税额：	申报表有关的往来文件，都可寄予此人。
	授权人签章：
期末未缴税额：	

举一反三（练一练/练习题）

计算 A 卷烟厂 2014 年 1 月应纳的消费税税款，进行相应的账务处理，并填写《消费税纳税申报表》。

A 卷烟厂系增值税一般纳税人，主要生产卷烟。该厂 2014 年 1 月 1 日未缴的消费税为 225000 元，2014 年 1 月 10 日缴纳到税务机关。该企业的卷烟属于乙类卷烟，比例税率为 36%，定额税率为 0.003 元/支。

2014 年 1 月有关业务资料如下：

（1）月初库存外购烟丝的买价为 200 万元。

（2）1 月 8 日购入烟丝，不含增值税价款为 300 万元，取得了增值税专用发票。发票账单和烟丝同时到达企业，该批烟丝已经验收入库。

（3）1 月 22 日以直接收款方式销售卷烟 1000 标准箱（5000 万支），取得不含增值税销售额 1600 万元，该批卷烟的销售成本为 600 万元。

（4）月末烟丝存货为 100 万元。

实习手册

武强下班后，将今天的实习内容登记在自己的实习手册中。

实习手册

项　目	记录内容
1. 消费税纳税义务发生的时间	
2. 消费税的纳税期限	
3. 消费税的纳税申报期限	

记录人：　　　　　　　　　　　时间：　　　年　　月　　日

知识拓展

消费税的纳税环节

消费税的纳税环节分为以下几种情况：

1. 生产环节

纳税人生产的应税消费品，由生产者于销售时纳税。其中，生产者自产自用的应税消费品，用于本企业连续生产应税消费品的不征税；用于其他方面的，于移送使用时纳税。

2. 委托加工环节

委托加工的应税消费品，由受托方在向委托方交货时代收代缴税款。

3. 进口环节

进口的应税消费品，由进口报关者于报关进口时纳税。

4. 零售环节

纳税人零售的金银首饰（含以旧换新），于销售时纳税；用于馈赠、赞助、广告、样品、职工福利、奖励等方面的金银首饰，于移送使用时纳税；带料加工、翻新改制的金银首饰，于受托方交货时纳税。

5. 批发环节

从事卷烟批发业务的单位和个人，按批发销售的所有牌号、规格的卷烟于批发环节缴纳消费税。

项目五　营业税

任务一　初识营业税

情景引例

经过前一段时间的实习，武强已经初步掌握了流转税中的增值税和消费税的纳税申报知识。今天，他要跟郝师傅学习流转税三大税种之一的营业税。营业税的征税范围与纳税人如何确定？营业税的税率如何确定？营业税与增值税的区别是什么？营业税纳税申报表如何填制？带着这些疑问，武强投入到今天的实习工作中。

知识链接

一、营业税的纳税人

在中华人民共和国境内提供应税劳务、转让无形资产或销售不动产的单位和个人，为营业税的纳税人。

二、营业税的征税范围

在中华人民共和国境内提供应税劳务、转让无形资产或者销售不动产的行为均为营业税的纳税范围。

所谓应税劳务是指提供的建筑业、文化体育业、金融保险业、娱乐业、服务业等劳务。

三、营业税的税目、税率

我国现行营业税实行行业差别比例税率。

营业税的税目、税率如表 5-1 所示。

表 5-1 营业税税目、税率表

税目、税率	征收范围	特殊项目
建筑业（3%）	建筑、安装、修缮、装饰及其他工程作业	1. 自建自用建筑物，其自建行为不是建筑业的征税范围 2. 出租或投资入股的自建建筑物，不是建筑业的征税范围 3. 钻井勘探、爆破勘探按建筑业征税
金融保险业（5%）	贷款、金融商品转让、金融经纪业、邮政储蓄业务和其他金融业务	
文化体育业（3%）	表演、其他文化、经营游览场所、体育业	出租文化场所属于服务业—租赁业
娱乐业（5%~20%）	音乐茶座、台球、游艺、网吧	对中国境外单位或个人在境外向境内单位和个人提供的娱乐业劳务，不征收营业税
服务业（5%）	代理业、旅店业、饮食业、旅游业、租赁业和其他服务业	1. 交通部门有偿转让高速公路收费权行为按服务业—租赁业税目征税 2. 自 2012 年 1 月 1 日起，旅店业和饮食业纳税人销售非现场消费的食品应当缴纳增值税，不缴纳营业税
转让无形资产（5%）	转让土地使用权、自然资源使用权	1. 土地租赁按照服务业—租赁业征税 2. 以无形资产投资入股，参与接受投资方利润分配、共同承担投资风险的行为，不征收营业税。投资后转让其股权的也不征收营业税
销售不动产（5%）	销售建筑物或构筑物、销售其他土地附着物	以不动产投资入股，参与利润分配、共担风险的行为，不征营业税，投资后转让股权的也不征收营业税

实习手册

武强下班后，将今天的实习内容登记在自己的实习手册中。

实习手册

项　目	记录内容
1. 营业税征税范围是什么	
2. 营业税的纳税人有哪些	
3. 营业税的税目与税率是什么	
4. 流转税的三大税种是指什么	

记录人：　　　　　　　　　时间：　　年　　月　　日

任务二　营业税的计算

情景引例

在前一天的实习中，武强了解了营业税的纳税范围、纳税人的确定及营业税的税率。今天，武强还需要进一步掌握营业税的计算方法。

知识链接

一、营业税应纳税额的计算

1. 一般规定

一般情况下，营业额就是应税劳务营业收入全额（包括价外收费），转让无形资产、销售不动产就是转让收入、销售收入额。

价外费用指价款之外的各种性质价外收费，但不包括同时符合以下条件代为收取的政府性基金或行政事业性收费：

（1）由国务院或财政部批准设立的政府性基金，由国务院或省级人民政府及其财政、价格主管部门批准设立的行政事业性收费。

（2）收取时开具省级以上财政部门印制的财政票据。

（3）所收款项全额上缴财政。

纳税人发生应税行为，如果将价款与折扣额在同一张发票上注明的，以折扣后的价款为营业额；如果将折扣额另开发票的，不论其在财务上如何处理，均不得从营业额中扣除。

2. 特殊规定

在一些特殊情况下，计算营业额要从收入全额中减去一部分费用或支出，这些特殊情况下计算营业额的方法如下：

（1）建筑业将工程分包或转包给他人。

营业额 = 工程总承包额 - 支付给分包人或转包人的价款

分包人或转包人的应纳营业税由总承包人扣缴。

纳税人提供建筑业劳务（不含装饰劳务）的，其营业额应当包括工程所用原材料、设备及其他物资和动力价款在内，但不包括建设方提供的设备的价款。

（2）金融业的外汇、有价证券、期货等金融商品买卖业务。

营业额 = 卖出价 - 买入价

（3）旅游业。

营业额 = 旅游费收入 - 支付的食宿、交通、门票等费用 - 付给接团企业的费用

（4）转让土地使用权、销售不动产。

转让无形资产的营业额为转让无形资产所取得的转让额。

纳税人转让土地使用权，以全部收入减去土地使用权购置或受让原价后的余额为营业额。

此外，值得注意的是娱乐业的营业额为经营娱乐业收取的全部价款和价外费用，包括门票收费、台位费、点歌费、烟酒、饮料、茶水、鲜花、小吃等收费及经营娱乐业的其他各项收费。

纳税人提供应税劳务、转让无形资产或者销售不动产的价格明显偏低并无正当理由的，或视同发生应税行为而无营业额的，由主管税务机关按下列顺序确定其营业额：

（1）按纳税人最近时期发生同类应税行为的平均价格核定。

（2）按其他纳税人最近时期发生同类应税行为的平均价格核定。

（3）按下列公式核定：

营业额 = 营业成本或者工程成本 × （1 + 成本利润率）÷ （1 - 营业税税率）

公式中的成本利润率，由省、自治区、直辖市税务局确定。

二、应纳税额的计算

应纳营业税的计算公式为：

应纳营业税 = 营业额(或销售额、转让额) × 适用税率

【案例5-1】某饭店某月客房部营业收入15000元，餐饮部营业收入5000元，计算当月应纳营业税。

【解析5-1】营业额 = 15000 + 5000 = 20000（元）

应纳服务业营业税 = 20000 × 5% = 1000（元）

【案例5-2】光华旅游公司2014年6月取得旅游费收入200万元，支付其他旅游企业接团费15万元，替旅游者支付餐费20万元、宿费25万元、门票费20

万元、交通费 60 万元。

【解析 5 - 2】营业额 = 200 - (15 + 20 + 25 + 20 + 60) = 60（万元）

应纳服务业营业税 = 60 × 5% = 3（万元）

实习手册

武强下班后，将今天的实习内容登记在自己的实习手册中。

实习手册

项　目	记录内容
1. 营业税的计税依据是什么	
2. 营业税应纳税额是如何计算的	

记录人：　　　　　　　　　　　　时间：　　年　　月　　日

任务三　营业税的核算

情景引例

武强掌握了营业税的计算方法后，郝师傅开始指导武强学习营业税的会计核算方法。

知识链接

一、应税劳务收入应交营业税

借：营业税金及附加

　　贷：应交税费——应交营业税

二、销售不动产应交营业税

1. 房地产开发企业的会计处理

借：营业税金及附加

　　贷：应交税费——应交营业税

2. 其他企业的会计处理

借：固定资产清理

　　贷：应交税费——应交营业税

三、转让无形资产应交营业税

1. 转让使用权的会计处理

借：营业税金及附加

　　贷：应交税费——应交营业税

2. 转让所有权（出售）的会计处理

转让无形资产所有权通过"营业外收入"或"营业外支出"科目核算。

借：银行存款【转让收入】

　　累计摊销【已摊销价值】

　　　　贷：无形资产【账面余额】

　　　　　　应交税费——应交营业税【营业税】

　　　　　　营业外收入【净收益】

如为净损失，则应借记"营业外支出"科目。

【案例5-3】请根据本项目任务一中的【案例5-1】和【案例5-2】两个案例做出相应的会计核算。

【解析5-3】

1. 【案例5-1】账务处理

借：营业税金及附加　　　　　　　　　　　　　　　1000

　　贷：应交税费——应交营业税　　　　　　　　　　　　1000

2. 【案例5-2】账务处理

借：营业税金及附加　　　　　　　　　　　　　　　30000

　　贷：应交税费——应交营业税　　　　　　　　　　　　30000

实习手册

武强下班后，将今天的实习内容登记在自己的实习手册中。

实习手册

项　目	记录内容
1. 应税劳务收入应交营业税如何核算	
2. 销售不动产应交营业税如何核算	
3. 转让无形资产应交营业税如何核算	

记录人：　　　　　　　　　　　　　　时间：　　　年　　　月　　　日

任务四 营业税纳税申报资料的填制

情景引例

武强在郝师傅指导下学习填报营业税纳税申报资料。

知识链接

一、纳税期限和申报期限

营业税的纳税期限,一般为 5 天、10 天、15 天、1 个月或 1 个季度。具体纳税期限,由主管税务机关根据纳税人应纳税额的大小分别核定;不能按照固定期限纳税的,可以按次纳税。除银行、财务公司、信托投资公司、信用社从事金融业务以 1 个季度为纳税期,其他纳税人从事金融业务,应按月缴纳营业税。

保险业为 1 个月。

银行、财务公司、信托投资公司、信用社、外国企业常驻代表机构的纳税期限为 1 个季度。

纳税申报期限为:以月、季为纳税期限的,期满后 15 日内申报纳税;以不满 1 个月为纳税期限的,期满 5 日内预缴税款,月后 15 日内申报结清。

二、纳税申报表的填制

营业税纳税申报表如表 5 - 2 所示。

实习手册

武强下班后,将今天的实习内容登记在自己的实习手册中。

实习手册

项　目	记录内容
1. 营业税的纳税期限是如何规定的	
2. 营业税的申报期限是如何规定的	

记录人:　　　　　　　　　　　　　时间:　　　年　　　月　　　日

表5-2 娱乐业营业税纳税申报表
（适用于娱乐业营业税纳税人）

纳税人识别号：

纳税人名称（公章）：

税款所属时间：自 年 月 日 至 年 月 日 填表日期：年 月 日

电脑代码：

单位：元（列至角分）

应税项目	营业额				税率（%）	本期税款计算			期初欠缴税额	前期多缴税额	税款缴纳					
	应税收入	应减除项目金额	应税营业额	免税收入		小计	本期应纳税额	免（减）税额			本期已缴税额			本期应缴税额预计算		
											小计	已缴本期应纳税额	本期已缴欠缴税额	小计	本期期末未缴税额	本期期末应缴税额
1	2	3	4=2-3	5	6	7=8+9	8=(4-5)×6	9=5×6	10	11	12=13+14	13	14	15=16+17	16=8-13	17=10-11-14
歌厅																
舞厅																
夜总会																
卡拉OK歌舞厅																
练歌房																
音乐茶座																
酒吧																
高尔夫球																

续表

应税项目	营业额					本期税款计算			期初欠缴税额	前期多缴税额	本期已缴税额			本期应缴税额计算		
	应税收入金额	应税减除项目金额	应税营业额	免税收入	税率(%)	小计	本期应纳税额	免(减)税额			小计	已缴本期应纳税额	本期已缴欠缴税额	纳缴税款		本期期末应缴税额
														小计	本期期末应缴税额	本期期末应缴欠缴税额
1	2	3	4=2-3	5	6	7=8+9	8=(4-5)×6	9=5×6	10	11	12=13+14	13	14	15=16+17	16=8-13	17=10-11-14
台球、保龄球																
游艺场																
网吧																
其他																
合计																

填表说明：

一、本表适用于所有除经主管税务机关核准实行简易申报方式以外的娱乐业营业税纳税人（以下简称纳税人）。

二、本表"纳税人识别号"栏，填写税务机关为纳税人确定的识别号，即税务登记证号码。

三、本表"电脑代码"栏，填写税务机关为纳税人确定的电脑编码。

四、本表"纳税人名称"栏，填写纳税人单位名称全称，并加盖公章，不得填写简称。

五、本表"税款所属时间"栏，填写纳税人申报的营业税应纳税额的所属时间，应填写具体的起止年、月、日。

六、本表"填表日期"栏，填写纳税人填写本表的具体日期。

七、本表所有栏次数据均不包括本期纳税人经税务机关、财政、审计部门检查的相关数据。

八、本表第2栏"应税收入"栏，填写纳税人本期因提供娱乐业营业税应税劳务所取得的全部价款和价外费用（不包括免税收入）。纳税人发生退款或因财务会计核算办法改变冲减营业额时，不在本栏次填减，在第11栏"前期多缴税额"栏次内填写。

九、本表第3栏"应税减除项目金额"应填写纳税人本期提供营业税应税劳务所取得的娱乐业应税收入中按规定可减除的项目金额。本栏各行次数据不得大于同行次第2栏"应税收入"，有关数据应根据营业税额减除项目汇总表的"本期实际减除金额"数据填报。

十、本表第5栏"免税收入"填写纳税人本期取得的娱乐业应税收入中所含的不需税务机关审批可直接免缴税款的应税收入或已经税务机关批准的免税项目应税收入。

十一、本表第10栏"期初欠缴税额"填写截至本期（不含本期），纳税人经过纳税申报或报告、批准延期缴纳、税务机关核定等确定应纳税额后，超过法律、行政法规规定或者税务机关核定等确定的税款缴纳期限未缴纳的税款。

十二、本表第13栏"已缴本期应纳税额"填写纳税人已缴的本期应纳税额。

十三、本表第14栏"本期已缴欠缴税额"填写纳税人本期缴纳的前期欠税，包括本期缴纳的前期经过纳税申报或报告、批准延期缴纳、行政法规规定确定的税款缴纳期限未缴纳的税款。

十四、本表第16栏"本期期末应缴税额"的"合计"行出现负数时，允许填负数，其负数部分，即未抵扣完的税款换算成营业税额并按各应税项目所占的比例及不同的税率填至下期申报表中相应栏目的第5栏"其他"中。

十五、本填表说明及下列所列出的栏目的《营业税纳税申报表》填表说明中相应栏目的文字说明，运算公式在本表各栏目下注明。

表5-3 服务业营业税纳税申报表
（适用于服务业营业税纳税人）

纳税人识别号：

纳税人名称（公章）：　　　　　　　　　　　　电脑代码：

税款所属时间： 年 月 日 至 年 月 日　　填表日期： 年 月 日

单位：元（列至角分）

应税项目	营业额			免（减）收入	税率（%）	本期税款计算			期初欠缴税额	前期多缴税额	本期已缴税款			税款缴纳		
	应税收入	应税减除项目金额	应税营业额	免税收入		小计	本期应纳税额	免（减）税额	期初欠缴税额	前期多缴税额	小计	已缴本期应纳税额	本期已缴欠缴税额	小计	本期应缴税额	本期期末欠缴税额
1	2	3	4=2-3	5	6	7=8+9	8=(4-5)×6	9=5×6	10	11	12=13+14	13	14	15=16+17	16=8-13	17=10-11-14
旅店业																

续表

应税项目	营业额				税率(%)	本期税款计算			期初欠缴税额	前期多缴税额	税款缴纳				本期应缴税额计算	
	应税收入	应税减除项目金额	应税营业额	免税收入		本期应纳税额		免(减)税额			本期已缴税额			小计	本期期末应缴税额	本期期末应缴欠缴税额
						小计	本期应纳税额				小计	已缴本期应纳税额	本期已缴欠缴税额			
1	2	3	$4=2-3$	5	6	$7=8+9$	$8=(4-5)\times6$	$9=5\times6$	10	11	$12=13+14$	13	14	$15=16+17$	$16=8-13$	$17=10-11-14$
饮食业																
旅游业																
仓储业																
租赁业																
广告业																
代理业																
其他服务业																
合计																

以下由税务机关填写:

受理人: 受理日期: 年 月 日

受理税务机关:(鉴章)

填表说明：

一、本表适用于所有除经主管税务机关核准实行简易申报方式以外的服务业营业税纳税人（以下简称纳税人）。

二、本表"纳税人识别号"栏，填写税务机关为纳税人确定的识别号，即税务登记证号码。

三、本表"纳税人名称"栏，填写纳税人单位名称全称，并加盖公章，不得填写简称。

四、本表"电脑代码"栏，填写税务机关确定的电脑编码。

五、本表"税款所属时间"，填写纳税人申报的营业税应纳税额的所属时间，应填写具体的起止年、月、日。

六、本表"填表日期"，填写纳税人填写本表的具体日期。

七、本表所有栏次数据均不包括纳税人经税务机关、财政、审计部门检查的相关数据。

八、本表第2栏"应税收入"栏填写纳税人本期纳税因提供服务业应税劳务取得的全部价款和价外费用。纳税人发生退款或因财务会计核算办法变更冲减营业额时，不在本栏次调减，在第11栏"前期多缴税额"栏次内填写。

九、该栏数据应根据《营业税额减除项目汇总表》应填写营业税额减除项目金额。对列入国家税务总局试点物流企业名单的物流企业（以及上海市税务局认可的29户物流企业），其将承揽的仓储业务分给其他单位并由其统一收取价款的，应以该企业取得的全部收入减去付给其他仓储合作方的余额为营业额计算征收营业税。

本栏各行次数据不得大于同行次第2栏"应税收入"。

十、本表第5栏"免税收入"栏填写纳税人本期取得的服务业应税收入中所含的不需交税的服务业应税收入或已经税务机关批准的免税收入。对按有就业等政策实行定额减免的纳税人，在填报该栏时，可按适用税率换算成免税收入。

十一、本表第10栏"期初欠缴税额"填写截至本期（不含本期），纳税人经过税务机关确定的税款余额或纳税期限内未缴纳的税款。

十二、本表第13栏"已缴本期应纳税额"填写纳税人本期已缴的本期应纳税款。

十三、本表第14栏"本期已缴欠缴税额"填写纳税人本期按照法律、行政法规规定或者税务机关确定的前期欠税，包括本期缴纳的前期经过纳税申报或报告、批准延期缴纳、批准延期缴纳、税务机关核定等确定纳税期限未缴纳的税款。

十四、本表第16栏"本期期末应纳税额"填写纳税人按照法律、行政法规规定或者税务机关确定的税款缴纳期限未缴纳的税款，即未抵扣完所的税款换算成营业额并按各应项目所占比例填入下期申报表中的"合计"行出现负数时，允许填写负数，其负数部分，运算公式已任本表各栏目下注明。

十五、本填表说明末列出的栏目参见《营业税纳税申报表》填表说明中相应栏目的"其他"中。

举一反三（练一练/练习题）

根据【案例5-1】和【案例5-2】资料，填制营业税纳税申报表。

实习手册

武强下班后，将今天的实习内容登记在自己的实习手册中。

实习手册

项　目	记录内容
1. 营业税的纳税期限是如何规定的	
2. 营业税的申报限是如何规定的	

记录人：　　　　　　　　　　　　时间：　　　年　　　月　　　日

知识拓展

营业税的纳税申报

主营或兼营营业税征税业务的企业必须每月申报营业税，当月无营业额的应作零申报。其他企业发生营业税涉税行为也应按规定申报营业税。

（一）纳税企业纳税前的准备工作

从事服务业、建筑安装业和金融保险业等业务的企业，申报营业税应纳税时应注意的事项有：

（1）核查营业收入相关账户及主要的原始凭证，计算应税营业收入。

（2）根据企业应税项目具体情况，确认税前应扣除的营业额。

（3）核查兼营非应税劳务、混合销售以及减免税项目的营业额，确认应税营业额和适用的税目税率。

（4）计算填表后按规定期限向主管税务机关报送营业税纳税申报表及其他计税资料。

（二）纳税申报程序

（1）应填写营业税纳税申报表，在地税机关规定的期限内登录税务机关网站，填写《营业税纳税申报表》、《代征代扣、代征代缴税款报告表》并发送。

（2）税务机关收到后向企业发送回执，企业收到回执说明税务申报成功。税务机关从单位账户上扣除相应款项，在电脑上反映税单，企业打印税单作为交税原始凭证。企业应在半年内将纸质报表送交税务机关。

（3）需缴纳罚款的，登录税务机关网站填写《税务行政处罚决定书》，税务机关从单位账户上扣除款项，在电脑上反映税单，企业打印税单作为交税原始凭证。企业应在半年内将纸质报表送交税务机关。

（4）纳税人、扣缴义务人持税收缴款书到银行缴税。

项目六　企业所得税

任务一　初识企业所得税

情景引例

2014年1月10日，武强接到财务科赵科长布置的新任务。

赵科长：小武，这是公司去年取得的收入和支出的清单，你先根据给你的以下资料算算，我们公司去年要缴纳多少所得税？

全年取得产品销售收入为5000万元，发生产品销售成本3000万元；其他业务收入800万元，其他业务成本700万元，取得购买国债的利息收入80万元，缴纳非增值税销售税金及附加300万元，发生的管理费用750万元，其中新技术的研究开发费用100万元，业务招待费用80万元，发生财务费用200万元，取得直接投资其他居民企业的权益性收益40万元（已在投资方所在地按15%的税率缴纳了所得税），取得营业外收入100万元，发生营业外支出200万元（其中含公益捐赠40万元）。

武强：赵科长，所得税的计算是不是把收入合计数减去费用合计数，再乘以所得税率就可以了？

赵科长：不一定，你还记得应纳税所得额的概念吗？从会计角度计算的利润和从税法角度计算的应纳税额是有区别的！企业所得税的计算要多动动脑哦！

武强：那我就先搞清这些概念再作计算吧。

知识链接

一、企业所得税的纳税人

（一）企业所得税的概念

企业所得税是对我国境内企业和其他取得收入的组织（以下简称企业），在一定期间内的生产、经营所得和其他所得征收的一种税。

（二）企业所得税的纳税人

凡中华人民共和国境内的企业和其他取得经营收入的组织（独立核算的法人单位），均为企业所得税的纳税人。包括各种所有制、各个行业和内外资企业。不包括个体工商户、个人独资企业和合伙企业（适用个人所得税）。

企业所得税纳税人一般分为居民企业和非居民企业，如表6-1所示。

表6-1 企业所得税纳税人分类一览表

纳税人	判定标准	纳税人范围	征税对象
居民企业	（1）依据中国法律、法规在中国境内成立的企业 （2）依照外国（地区）法律成立但实际管理机构在中国境内的企业	企业事业单位、社会团体、其他取得收入的团体	来源于中国境内、外的所得
非居民企业	（1）依照外国（地区）法律、法规成立且实际管理机构不在中国境内，但在中国境内设立机构、场所的企业 （2）在中国境内未设立机构、场所，但有来源于中国境内所得的企业	管理机构、营业机构、办事机构、提供劳务的场所、其他从事生产经营活动的场所	来源于中国境内的所得

居民企业是指依照一国法律、法规在该国境内成立，或者实际管理机构、总机构在该国境内的企业。《中华人民共和国企业所得税法》所称的居民企业是指依照中国法律、法规在中国境内成立，或者实际管理机构在中国境内的企业。

例如，在我国注册成立的沃尔玛（中国）公司，通用汽车（中国）公司，就是我国的居民企业；在英国、百慕大群岛等国家和地区注册的公司，但实际管理机构在我国境内，也是我国的居民企业。上述企业应就其来源于我国境内、外的所得缴纳企业所得税。

非居民企业是指依照外国（地区）法律、法规成立且实际管理机构不在中国境内，但在中国境内设立机构、场所的，或者在中国境内未设立机构、场所，但有来源于中国境内所得的企业。

例如，在我国设立的代表处及其他分支机构等外国企业。

二、企业所得税的征收范围

企业所得税的征收范围是纳税人取得的生产经营所得和其他所得，如表6-2所示。

（一）生产经营所得

生产经营所得是指企业从事货物生产、商品流通、交通运输、劳务服务等营利事业取得的合法所得。

（二）其他所得

其他所得是指纳税人取得的股息、利息、租金、转让各类资产收益、特许权使用费，以及营业外收益等所得。

此外，纳税人按照章程规定解散或破产，以及其他原因宣布终止时，其清算终了后的清算所得，也属于企业所得税的征收范围。

表 6-2 企业所得税的征收范围

企业所得类型	内容
生产经营所得	从事制造业、采掘业、交通运输业、建筑安装业、农业、林业、畜牧业、渔业、水利业、商品流通业、金融业、保险业、邮电通信业、服务业，以及国务院、财政、税务部门确认的其他营利事业取得的合法所得；还包括卫生、物资、供销、城市公用和其他行业的企业，以及一些社团组织、事业单位开展多种经营和有偿服务活动，取得的合法经营所得
其他所得	纳税人取得的股息、利息、租金、转让各类资产收益、特许权使用费，以及营业外收益等所得

三、企业所得税的计税依据

企业所得税的计税依据为应纳税所得额，应纳税所得额是按税法规定的口径计算的，不完全等同于会计核算的利润总额，而要将利润总额加以调整来计算确定。即：

应纳税所得额 = 利润总额 + 纳税调整增加项目金额 - 纳税调整减少项目金额

四、企业所得税的税率

企业所得税的税率有三档，如表 6-3 所示。

表 6-3 企业所得税税率

类别	税率（%）	适用企业
基本税率	25	居民企业以及在中国境内设立机构、场所的非居民企业
低税率	20	符合条件的小型微利企业
优惠税率	15	国家需要扶持的高新技术企业
	10	非居民企业在中国境内未设立机构、场所的，或者虽设立机构、场所但取得的所得与其所设机构场所没有实际联系的，应当就其来源于中国境内的所得按 10% 的税率缴纳

1. 基本税率：25%

2. 符合条件的小型微利企业：20%

符合条件的小型微利企业是指从事国家非限制和禁止行业，并符合下列条件的企业：

（1）制造业，年度应纳税所得额不超过 30 万元，从业人数不超过 100 人，资产总额不超过 3000 万元。

（2）非制造业，年度应纳税所得额不超过 30 万元，从业人数不超过 80 人，资产总额不超过 1000 万元。

3. 国家需要扶持的高新技术企业：15%

国家需要重点扶持的高新技术企业，是指符合下列条件的企业：

（1）在中国境内（不含港、澳、台地区）注册的企业，近 3 年内通过自主研发、受让、受赠、并购等方式，或通过 5 年以上的独占许可方式，对其主要产品（服务）的核心技术拥有自主知识产权。

（2）产品（服务）属于《国家重点支持的高新技术领域》规定的范围。

（3）具有大学专科以上学历的科技人员占企业当年职工总数的 30% 以上，其中研发人员占企业当年职工总数的 10% 以上。

（4）企业为获得科学技术（不包括人文、社会科学）新知识，创造性运用科学技术新知识，或实质性改进技术、产品（服务）而持续进行了研究开发活动，且近三个会计年度的研究开发费用总额占销售收入总额的比例符合规定要求。

（5）高新技术产品(服务)收入占企业当年总收入的 60% 以上。

（6）企业研究开发组织管理水平、科技成果转化能力、自主知识产权数量、销售与总资产成长性等指标符合《高新技术企业认定管理工作指引》（另行制定）的要求。

被认定为高新技术企业后，企业每年度的研发费用、高新业务收入、科技人员等指标比例应符合高新技术企业认定条件，不符合规定条件的，当年度不享受 15% 税率的优惠政策。

实习手册

武强下班后，将今天的实习内容登记在自己的实习手册中。

实习手册

项　目	记录内容
1. 什么是企业所得税的纳税人	
2. 企业所得税的征税范围是什么	
3. 企业所得税的税率是什么	
4. 什么是企业所得税的居民企业和非居民企业	

记录人：　　　　　　　　　　　　时间：　　　年　　　月　　　日

任务二 应纳税额的计算

情景引例

经过前几天的学习，武强熟练掌握了企业所得税的纳税人、征税范围、计税依据和税率等基本概念。今天，他学习的内容是如何计算企业所得税应纳税额。

知识链接

企业所得税的缴纳，实行分月或分季预缴，年终汇算清缴的办法。

一、月、季预缴企业所得税的计算

预缴企业所得税的计算有两种方法，企业可以选择其中一种方法进行计算。

1. 按实际所得额计算

本月（季）累计应纳税所得额＝累计利润总额－弥补以前年度亏损－累计不征税、免税收入

本月（季）应预缴所得税额＝累计应纳税所得额×适用税率－年内累计已预缴的所得税额

2. 按上一年度实际缴纳的企业所得税额计算

本月（季）应纳税所得额＝上一年度应纳税所得额÷12（或4）

本月（季）应预缴所得税额＝本月（季）应纳税所得额×适用税率

二、年度汇算清缴企业所得税的计算

1. 应纳税所得额的计算方法

年应纳税所得额＝全年利润总额＋调整增加项目金额－调整减少项目金额

其中，调整增加项目，就是按照税法规定，成本费用中超限额扣除的项目和不得扣除的项目。

税法规定成本费用中限额扣除的项目和扣除标准如下：

（1）向非金融机构借款利息支出，不得超过按金融机构同期类贷款利率计算的利息额。

（2）职工福利费支出，不得超过工资薪金总额的14%。

（3）职工工会经费，不得超过工资薪金总额的2%。

（4）职工教育经费，不得超过工资薪金总额的2.5%（超过部分可结转以后年度扣除）。

（5）业务招待支出，按发生额的60%扣除，但不得超过营业收入的5‰。

（6）广告费和业务宣传费支出，不得超过年销售（营业）收入的15%（超过的部分可结转以后年度扣除）。

（7）公益救济性捐赠（通过公益性捐赠社会团体或县以上人民政府及其部门），不得超过年度利润总额的12%。

（8）在国家规定的社会保险范围和标准外，为职工支付的商业保险，不得扣除。

（9）计提的固定资产折旧费，不得超过税法规定的折旧方法和年限计提的折旧额。

税法规定的折旧方法一般为直线折旧法（平均年限法），规定的最短折旧年限：房屋、建筑物20年，飞机、火车、轮船、机器、机械和其他生产设备10年，与生产有关的器具、工具、家具等5年，飞机、火车、轮船以外的运输工具4年，电子设备3年。

（10）无形资产的摊销费用，不得超过按税法规定的摊销方法和年限计算的金额。

税法规定的摊销方法为直线摊销法，规定的摊销年限不少于10年。

（11）固定资产大修理支出，应按尚可使用年限分期摊销。当年计入费用的大修理支出超过应摊销金额的部分不得扣除。

（12）开办费等其他长期待摊费用摊销额不得超过按税法规定摊销年限计算的年摊销额。税法规定的最短摊销年限为3年。

税法规定成本费用中不得扣除的项目如下：

（1）违法行为被国家有关部门罚款和没收财产的损失。

（2）税收滞纳金支出、罚款支出。

（3）非公益救济性捐赠、赞助支出和未通过公益性社会团体、县以上人民政府及其部门的捐赠支出。

（4）不符合国务院财政部、税务部门规定计提的资产减值损失。

（5）其他与取得收入无关的支出（如为他人担保而承担的支出）。

2. 应纳企业所得税额的计算

全年应纳企业所得税＝年应纳税所得额×适用税率－税额减免

应补（退）企业所得税额＝全年应纳企业所得税额－本年已预交企业所得税额

纳税人在纳税年度内预缴企业所得税税款少于应缴企业所得税税款的，应在汇算清缴期内结清应补缴的企业所得税税款；预缴税款超过应纳税款的，主管税务机关应及时按有关规定办理退税，或者经纳税人同意后抵缴其下一年度应缴企业所得税税款。

【案例6-1】中兴商贸有限公司2014年6月前各月利润和预交所得税资料如表6-4所示。上年度亏损20000元，无不征税、免税收入，适用所得税税率为25%。

表6-4 中兴商贸有限公司各月利润和预交所得税资料

单位：元

月份	1	2	3	4	5	6
利润总额	8000	-3000	5000	12000	15000	18000
累计应纳税所得额	-12000	-15000	-10000	2000	17000	35000
预交所得税	0	0	0	500	3750	4500

【解析6-1】中兴商贸有限公司各月应纳税所得额和应预缴所得税额计算方法如下：

1月累计应纳税所得额 = 8000 - 20000 = -12000（元）（不交所得税）

2月累计应纳税所得额 = （8000 - 3000）- 20000 = -15000（元）（不交所得税）

3月累计应纳税所得额 = （8000 - 3000 + 5000）- 20000 = -10000（元）（不交所得税）

4月累计应纳税所得额 = （8000 - 3000 + 5000 + 12000）- 20000 = 2000（元）

4月应预缴所得税额 = 2000 × 25% - 0 = 500（元）

5月累计应纳税所得额 = （8000 - 3000 + 5000 + 12000 + 15000）- 20000 = 17000（元）

5月应预缴所得税额 = 17000 × 25% - 500 = 3750（元）

6月累计应纳税所得额 = （8000 - 3000 + 5000 + 12000 + 15000 + 18000）- 20000 = 35000（元）

6月应预缴所得税额 = 35000 × 25% - （500 + 3750）= 4500（元）

【案例6-2】南方公司2014年4月30日完成了2013年度企业所得税的汇算清缴，该公司2013年度有关企业所得税的会计资料如下：

（1）全年利润总额98000元，营业收入560000元。

（2）全年工资总额150000元，福利费支出10000元，职工教育经费支出3000元。

（3）从别的公司拆借1年期流动资金100000元，支付利息12000元。同期银行流动资金贷款利率为8%。

（4）全年业务招待费支出 40000 元。

（5）因涉嫌偷税被税务局罚款 2000 元。

（6）通过民政局向灾区捐款 20000 元，为文化节赞助 1000 元。

（7）本年投资收益为：从所入股企业分得股利 2000 元，购买国债利息收入 1000 元。

（8）转让一项专利技术净收益 10000 元。

（9）上年亏损 20000 元。

（10）固定资产折旧、专利权摊销采用直线法，折旧、摊销年限符合税法规定。社会保险费按政府规定比例缴纳。

（11）2013 年内已预缴当年企业所得税 20000 元。

本企业属于小型微利企业，计算该公司 2013 年度应纳企业所得税额和应退、补税额。

【解析 6 - 2】

调增项目：

（1）利息支出调增金额 = 12000 - 100000 × 8% = 4000（元）

（2）业务招待费支出调增金额 = 40000 ×（1 - 60%）+（40000 × 60% - 560000 × 5‰）= 37200（元）

（3）罚款支出调增金额 2000 元。

（4）公益捐赠调增金额 = 20000 - 98000 × 12% = 8240（元）

（5）赞助支出调增金额 1000 元。

调增金额合计 = 52440（元）

调减项目：

（1）股利收益 2000 元。

（2）国债利息收入 1000 元。

（3）技术转让收益 10000 元。

（4）弥补上年亏损 20000 元。

调减金额合计 = 33000（元）

2013 年度应纳税所得额 = 98000 + 52440 - 33000 = 117440（元）

2013 年度应纳企业所得税 = 117440 × 20% = 23488（元）

应补交企业所得税 = 23488 - 20000 = 3488（元）

实习手册

武强下班后，将今天的实习内容登记在自己的实习手册中。

实习手册

项　目	记录内容
1. 预缴企业所得税的计算方法有哪两种	
2. 税法规定成本费用中限额扣除的项目和扣除标准是什么	
3. 税法规定的折旧方法一般为直线折旧法（平均年限法），规定的最短折旧年限是什么	
4. 应纳所得税额如何计算	

记录人：　　　　　　　　　时间：　　年　　月　　日

任务三　企业所得税的核算

情景引例

武强学习了企业所得税应纳税额的核算，计算出了企业今年的企业所得税金额，向财务科长汇报了计算情况，赵科长看后很满意，然后让武强跟着主办会计王会计一起学习如何进行企业所得税的会计处理。于是武强就跟着王会计一起学习，王会计细心地指导武强，告诉他第一步应先进行科目设置，了解企业所得税所涉及的会计科目，然后再进行相应的会计处理。

知识链接

一、科目设置

所得税的会计核算需设置"所得税费用"科目，该科目按经济性质分类为费用类科目，核算企业确认的应当从当期利润总额中扣除的所得税费用。该科目借方登记企业按照税法规定计算缴纳的所得税费用额，贷方登记期末结转入"本年利润"科目的所得税费用额。

二、预交企业所得税的会计处理

1. 申报应交所得税

借：所得税费用

　　贷：应交税费——应交企业所得税

2. 所得税费用向"本年利润"账户结转

借：本年利润

　　贷：所得税费用

3. 实际缴纳所得税时

借：应交税费——应交企业所得税

　　贷：银行存款

三、年度汇算清缴的会计处理

企业所得税年度汇算清缴是在第二年进行的，对于上年应补、退的税额，理应调整上年损益，但金额较小时也可以计入当年损益。

（一）应补税的处理

1. 补税金额较小

补税金额较小时，可以计入当期损益。会计处理为：

借：所得税费用

　　贷：应交税费——应交企业所得税

2. 补税金额较大

补税金额较大时，应作调减上年损益处理。

借：利润分配——未分配利润

　　贷：应交税费——应交企业所得税

（二）应退税的处理

1. 退税金额较小

退税金额较小时，可以计入当期损益。会计处理为：

借：应交税费——应交企业所得税

　　贷：所得税费用

2. 退税金额较大

退税金额较大时，应作调增上年损益处理。

借：应交税费——应交企业所得税

　　贷：利润分配——未分配利润

【案例6-3】对【案例6-2】做企业账务处理。

【解析6-3】

相关账务处理如下：

年内计算出应预缴的企业所得税时：

借：所得税费用　　　　　　　　　　　　　　　　20000

　　贷：应交税费——应交企业所得税　　　　　　　　20000

实际缴纳税款时：

借：应交税费——应交企业所得税　　　　　　　　　　　20000

　　贷：银行存款　　　　　　　　　　　　　　　　　　20000

年终汇算清缴，计算出应补交的企业所得税时：

借：所得税费用　　　　　　　　　　　　　　　　　　3488

　　贷：应交税费——应交企业所得税　　　　　　　　　3488

　　企业所得税年度汇算清缴是在第二年进行的，对于上年应补交的税额，理应调整上年损益，但金额较小时也可以直接计入当年损益。

实习手册

武强下班后，将今天的实习内容登记在自己的实习手册中。

实习手册

项　目	记录内容
1. 申报应交所得税如何编制会计分录	
2. 所得税费用向"本年利润"账户结转如何编制会计分录	
3. 实际缴纳所得税时如何编制会计分录	

记录人：　　　　　　　　　　　时间：　　　年　　　月　　　日

任务四　企业所得税纳税申报资料的填制

知识链接

一、纳税期限

企业所得税按月或季预交，按年汇算清缴。

按月或季预缴，于月（季）后15日内申报；

年度汇算清缴，于年后5个月内报送年度申报表并结算清缴税款。

二、纳税申报表的填制

（一）月（季）预缴纳税申报表的填制

月、季预缴纳税申报表如表6-5所示。

表6-5　中华人民共和国企业所得税月（季）度预缴纳税申报表（A类）

税款所属期间：　　年　月　日至　　年　月　日

纳税人地税计算机代码：□□□□□□□□□

纳税人识别号：□□□□□□□□□□□□□□□

纳税:	○汇总	○总机构	◎独立
		○分支机构	纳税

纳税人名称：**唐城机械有限责任公司**　　　　　　　单位：元（列至角分）

行次	项　目	本期金额	累计金额
1	一、据实预缴		
2	营业收入		
3	营业成本		
4	实际利润额		
5	税率（25%）	—	
6	应纳所得税额（4行×5行）	—	
7	减免所得税额		
8	实际已预缴所得税额	—	
9	应补（退）的所得税额（6行-7行-8行）	—	
10	二、按照上一纳税年度应纳税所得额的平均额预缴		
11	上一纳税年度应纳税所得额	—	
12	本月（季）应纳税所得额（11行÷12或11行÷4）		
13	税率（25%）	—	—
14	本月（季）应纳所得税额（12行×13行）		
15	三、按照税务机关确定的其他方法预缴		
16	本月（季）确定预缴的所得税额		
17	总分机构纳税人		
18	总机构	总机构应分摊的所得税额（9行或14行或16行×25%）		
19		中央财政集中分配的所得税额（9行或14行或16行×25%）		
20		分支机构分摊的所得税额（9行或14行或16行×50%）		
20.1		其中：总机构缴纳其独立生产经营部门分摊的所得税额		
21	分支机构	分配比例		
22		分配的所得税额（20行×21行）		

谨声明：此纳税申报表是根据《中华人民共和国企业所得税法》、《中华人民共和国企业所得税法实施条例》和国家有关税收规定填报的，是真实的、可靠的、完整的。

法定代表人（签字）：　　　　　　　　　　　　　　　　年　月　日

纳税人公章:	代理申报中介机构公章:	主管税务机关受理专用章:
会计主管:	经办人:	受理人:
	经办人执业证件号码:	
填表日期:　年　月　日	代理申报日期:　年　月　日	受理日期:　年　月　日

填报说明:

(一)第2行"营业收入":填报会计制度核算的营业收入。

(二)第3行"营业成本":填报会计制度核算的营业成本。

(三)第4行"实际利润额":填报按会计制度核算的利润总额减除以前年度待弥补亏损以及不征税收入、免税收入后的余额。

(四)第5行"税率(25%)":按照《企业所得税法》第四条规定的25%税率计算应纳所得税额。

(五)第6行"应纳所得税额":填报计算出的当期应纳所得税额。第6行＝第4行×第5行,且第6行≥0。

(六)第7行"减免所得税额":填报当期实际享受的减免所得税额,包括享受减免税优惠过渡期的税收优惠、小型微利企业优惠、高新技术企业优惠及经税务机关审批或备案的其他减免税优惠。第7行≤第6行。

(七)第8行"实际已预缴的所得税额":填报累计已预缴的企业所得税税额,"本期金额"列不填。

(八)第9行"应补(退)所得税额":填报按照税法规定计算的本次应补(退)预缴所得税额。第9行＝第6行－第7行－第8行,且第9行<0时,填0,"本期金额"列不填。

【案例6-4】毕节电器制造有限公司为增值税一般纳税人,企业所得税实行分月分季预缴。2014年3月企业利润表如表6-6所示:

表6-6　毕节电器制造有限公司2014年3月利润表

编制单位:毕节公司　　　　　　2014年3月　　　　　　单位:元

	本期金额	上期金额
一、营业收入	21600000	
减:营业成本	14000000	
营业税金及附加	85500	
销售费用	3200000	
管理费用	4150000	
财务费用	50000	
资产减值损失		
加:公允价值变动收益(损失以"－"号填列)		
投资收益(损失以"－"号填列)		
其中:对联营企业和合营企业的投资收益		
二、营业利润(亏损以"－"号填列)	114500	
加:营业外收入	400000	

续表

	本期金额	上期金额
减：营业外支出	500000	
其中：非流动资产处置损失		
三、利润总额（亏损总额以"－"号填列）	14500	
减：所得税费用		
四、净利润（净亏损以"－"号填列）		
五、每股收益		
（一）基本每股收益		
（二）稀释每股收益		

要求：填制企业所得税月（季）度预缴纳税申报表（A类）。

【解析6-4】应纳所得税＝14500×25%＝3625（元）

企业所得税月（季）度预缴纳税申报表见表6-7。

表6-7 中华人民共和国企业所得税月（季）度预缴纳税申报表（A类）

税款所属期间：2014年3月1日至2014年3月31日

纳税人识别号：

纳税人名称：毕节电器制造有限公司　　　　　　　　单位：元（列至角分）

行次	项 目	本期金额	累计金额
1	一、据实预缴		
2	营业收入	21600000	
3	营业成本	14000000	
4	实际利润额	14500	
5	税率（25%）	25%	
6	应纳所得税额（4行×5行）	3625	
7	减免所得税额		
8	实际已预缴所得税额		
9	应补（退）的所得税额（6行－7行－8行）	3625	
10	二、按照上一纳税年度应纳税所得额的平均额预缴		
11	上一纳税年度应纳税所得额	—	
12	本月（季）应纳税所得额（11行÷12或11行÷4）		
13	税率（25%）	—	—
14	本月（季）应纳税所得额（12行×13行）		

续表

行次	项 目		本期金额	累计金额
15	三、按照税务机关确定的其他方法预缴			
16	本月（季）确定预缴的所得税额			
17	总分机构纳税人			
18	总机构	总机构应分摊的所得税额（9 行或 14 行或 16 行×25%）		
19		中央财政集中分配的所得税额（9 行或 14 行或 16 行×25%）		
20		分支机构分摊的所得税额（9 行或 14 行或 16 行×50%）		
21	分支机构	分配比例		
22		分配的所得税额（20 行×21 行）		

谨声明：此纳税申报表是根据《中华人民共和国企业所得税法》、《中华人民共和国企业所得税法实施条例》和国家有关税收规定填报的，是真实的、可靠的、完整的。

法定代表人（签字）：　　　　　　　　　　　　　　　　　　　　年　月　日

纳税人公章： 会计主管： 填表日期：　年 月 日	代理申报中介机构公章： 经办人： 经办人执业证件号码： 代理申报日期：　年 月 日	主管税务机关受理专用章： 受理人： 受理日期：　年 月 日

国家税务总局监制

（二）年度汇算清缴纳税申报表的填制

最新企业年度所得税的申报表共 41 张，1 张基础信息表，1 张主表，6 张收入费用明细表，15 张纳税调整表，1 张亏损弥补表，11 张税收优惠表，4 张境外所得抵免表，2 张汇总纳税表。由于许多表格是选项，纳税人有此业务的，可以选择填报，没有此业务的，可以不填报。具体内容如下：

1. 基础信息表

此表反映纳税人的基本信息，包括名称、注册地、行业、注册资本、从业人数、股东结构、会计政策、存货办法、对外投资情况等，这些信息，既可以替代企业备案资料（如资产情况及变化、从业人数，可以判断纳税人是否属于小微企业，小微企业享受优惠政策后，就无须再报送其他资料），也是税务机关进行管理所需要的信息。

2. 主表

主表结构与现行报表没有变化，体现企业所得税纳税流程，即在会计利润的基础上，按照税法进行纳税调整，计算应纳税所得额，扣除税收优惠数额，进行境外税收抵免，最后计算应补（退）税款。

3. 收入费用明细表

收入费用明细表主要反映企业按照会计政策所发生的成本、费用情况。这些表格，也是企业进行纳税调整的主要数据来源。

4. 纳税调整表

纳税调整是所得税管理的重点和难点，现行申报表中仅1张纳税调整表，该表的功能就是将纳税人进行纳税调整后的结果进行统计、汇总，没有体现政策和过程，也不反映税收与会计的差异，税务机关很难判断出其合理性及准确性。因此，本次修改后的申报表，将所有的税会差异需要调整的事项，按照收入、成本和资产三大类，设计了15张表格，通过表格的方式进行计算反映，既方便纳税人填报；又便于税务机关纳税评估、分析。

5. 亏损弥补表

反映企业发生亏损如何结转问题，既准确计算亏损结转年度和限额，又便于税务机关进行管理。

6. 税收优惠表

按照税基、应纳税所得额、税额扣除等进行分类，设计了11张表格，通过表格的方式计算税收优惠享受情况和过程。既方便纳税人填报，又便于税务机关掌握税收减免税信息，核实优惠的合理性，进行优惠效益分析。

7. 境外所得抵免表

境外所得抵免表反映企业发生境外所得税如何抵免以及抵免具体计算问题。

8. 汇总纳税表

汇总纳税表反映汇总纳税企业的总分机构如何分配税额问题。

年度汇算清缴纳税申报表主表如表6-8所示。

表6-8　中华人民共和国企业所得税年度纳税申报表（A类）

行次	类别	项　目	金　额
1		一、营业收入（填写A101010\101020\103000）	
2		减：营业成本（填写A102010\102020\103000）	
3		营业税金及附加	
4		销售费用（填写A104000）	
5	利润	管理费用（填写A104000）	
6	总额	财务费用（填写A104000）	
7	计算	资产减值损失	
8		加：公允价值变动收益	
9		投资收益	
10		二、营业利润（1-2-3-4-5-6-7+8+9）	
11		加：营业外收入（填写A101010\101020\103000）	

续表

行次	类别	项　目	金　额
12	利润总额计算	减：营业外支出（填写 A102010＼102020＼103000）	
13		三、利润总额（10＋11－12）	
14	应纳税所得额计算	减：境外所得（填写 A108010）	
15		加：纳税调整增加额（填写 A105000）	
16		减：纳税调整减少额（填写 A105000）	
17		减：免税、减计收入及加计扣除（填写 A107010）	
18		加：境外应税所得抵减境内亏损（填写 A108000）	
19		四、纳税调整后所得（13－14＋15－16－17＋18）	
20		减：所得减免（填写 A107020）	
21		减：抵扣应纳税所得额（填写 A107030）	
22		减：弥补以前年度亏损（填写 A106000）	
23		五、应纳税所得额（19－20－21－22）	
24	应纳税额计算	税率（25%）	
25		六、应纳所得税额（23×24）	
26		减：减免所得税额（填写 A107040）	
27		减：抵免所得税额（填写 A107050）	
28		七、应纳税额（25－26－27）	
29		加：境外所得应纳所得税额（填写 A108000）	
30		减：境外所得抵免所得税额（填写 A108000）	
31		八、实际应纳所得税额（28＋29－30）	
32		减：本年累计实际已预缴的所得税额	
33		九、本年应补（退）所得税额（31－32）	
34		其中:总机构分摊本年应补(退)所得税额（填写 A109000）	
35		财政集中分配本年应补（退）所得税额（填写 A109000）	
36		总机构主体生产经营部门分摊本年应补(退)所得税额(填写 A109000)	
37	附列资料	以前年度多缴的所得税额在本年抵减额	
38		以前年度应缴未缴在本年入库所得税额	

填报说明：

（一）表体项目。

本表是在纳税人会计利润总额的基础上，加减纳税调整等金额后计算出"纳税调整后所得"（应纳税所得额）。会计与税法的差异（包括收入类、扣除类、资产类等差异）通过《纳税调整项目明细表》（A105000）集中体现。

本表包括利润总额计算、应纳税所得额计算、应纳税额计算、附列资料四个部分。

（1）"利润总额计算"中的项目，按照国家统一会计制度口径计算填报。实行企业会计准则、小企业会计准则、企业会计制度、分行业会计制度的纳税人其数据直接取自利润表；实行事业单位会计准则的纳税人其数据取自收入支出表；实行民间非营利组织会计制度的纳税人其数据取自业务活动表；实行其他国家统一会计制度的纳税人，根据本表项目进行分析填报。

（2）"应纳税所得额计算"和"应纳税额计算"中的项目，除根据主表逻辑关系计算的外，通过附表相应栏次填报。

（二）行次说明：

第1~13行参照企业会计准则利润表的说明编写。

（1）第1行"营业收入"：填报纳税人主要经营业务和其他经营业务取得的收入总额。本行根据"主营业务收入"和"其他业务收入"的数额填报。一般企业纳税人通过《一般企业收入明细表》（A101010）填报；金融企业纳税人通过《金融企业收入明细表》（A101020）填报；事业单位、社会团体、民办非企业单位、非营利组织等纳税人通过《事业单位、民间非营利组织收入、支出明细表》（A103000）填报。

（2）第2行"营业成本"项目：填报纳税人主要经营业务和其他经营业务发生的成本总额。本行根据"主营业务成本"和"其他业务成本"的数额填报。一般企业纳税人通过《一般企业成本支出明细表》（A102010）填报；金融企业纳税人通过《金融企业支出明细表》（A102020）填报；事业单位、社会团体、民办非企业单位、非营利组织等纳税人，通过《事业单位、民间非营利组织收入、支出明细表》（A103000）填报。

（3）第3行"营业税金及附加"：填报纳税人经营活动发生的营业税、消费税、城市维护建设税、资源税、土地增值税和教育费附加等相关税费。本行根据纳税人相关会计科目填报。纳税人在其他会计科目核算的本行不得重复填报。

（4）第4行"销售费用"：填报纳税人在销售商品和材料、提供劳务的过程中发生的各种费用。本行通过《期间费用明细表》（A104000）中对应的"销售费用"填报。

（5）第5行"管理费用"：填报纳税人为组织和管理企业生产经营发生的管理费用。本行通过《期间费用明细表》（A104000）中对应的"管理费用"填报。

（6）第6行"财务费用"：填报纳税人为筹集生产经营所需资金等发生的筹资费用。本行通过《期间费用明细表》（A104000）中对应的"财务费用"填报。

（7）第7行"资产减值损失"：填报纳税人计提各项资产准备发生的减值损失。本行根据企业"资产减值损失"科目上的数额填报。实行其他会计准则等的比照填报。

（8）第8行"公允价值变动收益"：填报纳税人在初始确认时划分为以公允价值计量且其变动计入当期损益的金融资产或金融负债（包括交易性金融资产或负债，直接指定为以公允价值计量且其变动计入当期损益的金融资产或金融负债），以及采用公允价值模式计量的投资性房地产、衍生工具和套期业务中公允价值变动形成的应计入当期损益的利得或损失。本行根据企业"公允价值变动损益"科目的数额填报（损失以"－"号填列）。

（9）第9行"投资收益"：填报纳税人以各种方式对外投资确认所取得的收益或发生的损失。根据企业"投资收益"科目的数额计算填报；实行事业单位会计准则的纳税人根据"其他收入"科目中的投资收益金额分析填报（损失以"－"号填列）。实行其他会计准则等的比照填报。

（10）第10行"营业利润"：填报纳税人当期的营业利润。根据上述项目计算填列。

（11）第11行"营业外收入"：填报纳税人取得的与其经营活动无直接关系的各项收入的金额。一般企业纳税人通过《一般企业收入明细表》（A101010）填报；金融企业纳税人通过《金融企业收入明细表》（A101020）填报；实行事业单位会计准则或民间非营利组织会计制度的纳税人通过《事业单位、民间非营利组织收入、支出明细表》（A103000）填报。

（12）第12行"营业外支出"：填报纳税人发生的与其经营活动无直接关系的各项支出的金额。一般企业纳税人通过《一般企业成本支出明细表》（A102010）填报；金融企业纳税人通过《金融企业支出明细表》（A102020）填报；实行事业单位会计准则或民间非营利组织会计制度的纳税人通过《事业单位、民间非营利组织收入、支出明细表》（A103000）填报。

（13）第13行"利润总额"：填报纳税人当期的利润总额。根据上述项目计算填列。

（14）第14行"境外所得"：填报纳税人发生的分国（地区）别取得的境外税后所得计入利润总额的金额。填报《境外所得纳税调整后所得明细表》（A108010）第14列减去第11列的差额。

（15）第15行"纳税调整增加额"：填报纳税人会计处理与税收规定不一致，进行纳税调整增加的金额。本行通过《纳税调整项目明细表》（A105000）"调增金额"列填报。

（16）第16行"纳税调整减少额"：填报纳税人会计处理与税收规定不一致，进行纳税调整减少的金额。本行通过《纳税调整项目明细表》（A105000）"调减金额"列填报。

（17）第17行"免税、减计收入及加计扣除"：填报属于税法规定免税收入、减计收入、加计扣除金额。本行通过《免税、减计收入及加计扣除优惠明细表》（A107010）填报。

（18）第18行"境外应税所得抵减境内亏损"：填报纳税人根据税法规定，选择用境外所得抵减境内亏损的数额。本行通过《境外所得税收抵免明细表》（A108000）填报。

（19）第19行"纳税调整后所得"：填报纳税人经过纳税调整、税收优惠、境外所得计算后的所得额。

（20）第20行"所得减免"：填报属于税法规定所得减免金额。本行通过《所得减免优惠明细表》（A107020）填报，本行<0时，填写负数。

（21）第21行"抵扣应纳税所得额"：填报根据税法规定应抵扣的应纳税所得额。本行通过《抵扣应纳税所得额明细表》（A107030）填报。

（22）第22行"弥补以前年度亏损"：填报纳税人按照税法规定可在税前弥补的以前年度亏损的数额，本行根据《企业所得税弥补亏损明细表》（A106000）填报。

（23）第23行"应纳税所得额"：金额等于本表第19行－第20行－第21行－第22行计算结果。本行不得为负数。本表第19行或者按照上述行次顺序计算结果本行为负数，本行金额填零。

（24）第24行"税率"：填报税法规定的税率25%。

（25）第25行"应纳所得税额"：金额等于本表第23行×第24行。

（26）第26行"减免所得税额"：填报纳税人按税法规定实际减免的企业所得税额。本行通过《减免所得税优惠明细表》（A107040）填报。

（27）第27行"抵免所得税额"：填报企业当年的应纳所得税额中抵免的金额。本行通过《税额抵免优惠明细表》（A107050）填报。

（28）第28行"应纳税额"：金额等于本表第25行－第26行－第27行。

（29）第29行"境外所得应纳所得税额"：填报纳税人来源于中国境外的所得，按照我国税法规定计算的应纳所得税额。本行通过《境外所得税收抵免明细表》（A108000）填报。

（30）第30行"境外所得抵免所得税额"：填报纳税人来源于中国境外所得依照中国境外税收法律以及相关规定应缴纳并实际缴纳（包括视同已实际缴纳）的企业所得税性质的税款（准予抵免税款）。本行通过《境外所得税收抵免明细表》（A108000）填报。

（31）第31行"实际应纳所得税额"：填报纳税人当期的实际应纳所得税额。金额等于本表第28行＋第29行－第30行。

（32）第32行"本年累计实际已预缴的所得税额"：填报纳税人按照税法规定本纳税年度已在月（季）度累计预缴的所得税额，包括按照税法规定的特定业务已预缴（征）的所得税额，建筑企业总机构直接管理的跨地区设立的项目部按规定向项目所在地主管税务机关预缴的所得税额。

（33）第33行"本年应补（退）的所得税额"：填报纳税人当期应补（退）的所得税额。金额等于本表第31行－第32行。

（34）第34行"总机构分摊本年应补（退）所得税额"：填报汇总纳税的总机构按照税收规定在总机构所在地分摊本年应补（退）所得税款。本行根据《跨地区经营汇总纳税企业年度分摊企业所得税明细表》（A109000）填报。

（35）第35行"财政集中分配本年应补（退）所得税额"：填报汇总纳税的总机构按照税收规定财政集中分配本年应补（退）所得税款。本行根据《跨地区经营汇总纳税企业年度分摊企业所得税明细表》（A109000）填报。

（36）第36行"总机构主体生产经营部门分摊本年应补（退）所得税额"：填报汇总纳税的总机构所属的具有主体生产经营职能的部门按照税收规定应分摊的本年应补（退）所得税额。本行根据《跨地区经营汇总纳税企业年度分摊企业所得税明细表》（A109000）填报。

（37）第37行"以前年度多缴的所得税额在本年抵减额"：填报纳税人以前纳税年度汇算清缴多缴的税款尚未办理退税并在本纳税年度抵缴的所得税额。

（38）第38行"以前年度应缴未缴在本年入库所得额"：填报纳税人以前纳税年度应缴未缴在本纳税年度入库所得税额。

【案例6－5】德清有限责任公司2014年境内经营业务如下：

（1）取得销售收入2500万元。

（2）销售成本1100万元。

（3）发生销售费用670万元（其中广告费450万元），管理费用480万元（其中业务招待费15万元，新技术的研究开发费用为40万元），财务费用60万元。

（4）销售税金160万元（含增值税120万元）。

（5）营业外收入70万元，营业外支出50万元（含通过公益性社会团体向贫困山区捐款36.24万元，支付税收滞纳金6万元）。

（6）计入成本、费用中的实发工资总额150万元，拨缴职工工会经费3万元，支出职工福利费23万元，职工教育经费6万元。

该公司2014年已预缴了企业所得税50万元。

要求：

（1）计算所得税额。

（2）填报德清有限责任公司2014年度所得税纳税申报表主表。

【解析6－5】

（1）第一步，计算会计利润总额。

会计利润总额 = 2500 － 1100 － 670 － 480 － 60 － 40 + 70 － 50 = 170（万元）

第二步，计算纳税调整增加额。

1）广告费和业务宣传费调增所得额 = 450 － 2500 × 15% = 450 － 375 = 75（万元）

2）业务招待费调增所得额 = 15 － 15 × 60% = 15 － 9 = 6（万元）；2500 × 5‰ =

12.5（万元）>9（万元）

    3）捐赠支出应调增所得额 $= 36.24 - 170 \times 12\% = 15.84$（万元）

    4）支付的税收滞纳金调增所得额 $= 6$（万元）

    5）职工福利费调增所得额 $= 23 - 150 \times 14\% = 2$（万元）

    6）职工教育经费调增所得额 $= 6 - 150 \times 2.5\% = 2.25$（万元）

纳税调整增加额 $= 75 + 6 + 15.84 + 6 + 2 + 2.25 = 107.09$（万元）

第三步，计算纳税调整减少额。

    1）技术研究开发费用调减所得额 $= 40 \times 50\% = 20$（万元）

    2）纳税调整减少额 $= 20$（万元）

第四步，计算应税所得额。

应税所得额 $= 170 + 107.09 - 20 = 257.09$（万元）

第五步，计算应纳所得税额。

    1）本期所得应纳所得税额 $= 257.09 \times 25\% = 64.2725$（万元）

    2）该公司 2013 年应补缴企业所得税额 $= 64.2725 - 50 = 14.2725$（万元）

（2）填制企业所得税纳税申报表，如表 6-9 所示。

表 6-9 中华人民共和国企业所得税年度纳税申报表（A 类）

税款所属期间：**2014 年 1 月 1 日至 2014 年 12 月 31 日**

纳税人名称：**德清有限责任公司**

纳税人识别号：**280602002234678**   单位：元（列至角分）

行次	类别	项目	金额
1		一、营业收入（填写 A101010 \ 101020 \ 103000）	25000000.00
2		减：营业成本（填写 A102010 \ 102020 \ 103000）	11000000.00
3		营业税金及附加	400000.00
4		销售费用（填写 A104000）	6700000.00
5		管理费用（填写 A104000）	4800000.00
6	利润总额计算	财务费用（填写 A104000）	600000.00
7		资产减值损失	
8		加：公允价值变动收益	
9		投资收益	
10		二、营业利润（1-2-3-4-5-6-7+8+9）	1500000.00
11		加：营业外收入（填写 A101010 \ 101020 \ 103000）	700000.00
12		减：营业外支出（填写 A102010 \ 102020 \ 103000）	500000.00
13		三、利润总额（10+11-12）	1700000.00

续表

行次	类别	项　　目	金　　额
14	应纳税所得额计算	减：境外所得（填写 A108010）	
15		加：纳税调整增加额（填写 A105000）	1070900.00
16		减：纳税调整减少额（填写 A105000）	200000.00
17		减：免税、减计收入及加计扣除（填写 A107010）	
18		加：境外应税所得抵减境内亏损（填写 A108000）	
19		四、纳税调整后所得（13－14＋15－16－17＋18）	2570900.00
20		减：所得减免（填写 A107020）	
21		减：抵扣应纳税所得额（填写 A107030）	
22		减：弥补以前年度亏损（填写 A106000）	
23		五、应纳税所得额（19－20－21－22）	2570900.00
24	应纳税额计算	税率（25%）	25%
25		六、应纳所得税额（23×24）	642725.00
26		减：减免所得税额（填写 A107040）	
27		减：抵免所得税额（填写 A107050）	
28		七、应纳税额（25－26－27）	642725.00
29		加：境外所得应纳所得税额（填写 A108000）	
30		减：境外所得抵免所得税额（填写 A108000）	
31		八、实际应纳所得税额（28＋29－30）	642725.00
32		减：本年累计实际已预缴的所得税额	500000.00
33		九、本年应补（退）所得税额（31－32）	142725.00
34		其中：总机构分摊本年应补（退）所得税额（填写 A109000）	
35		财政集中分配本年应补（退）所得税额（填写 A109000）	
36		总机构主体生产经营部门分摊本年应补（退）所得税额（填写 A109000）	
37	附列资料	以前年度多缴的所得税额在本年抵减额	
38		以前年度应缴未缴在本年入库所得税额	

纳税人公章：　　　　　　　代理申报中介机构公章：　　　　　主管税务机关受理专用章：

经办人：　　　　　　　　　经办人及执业证件号码：　　　　　受理人：

申报日期：　年 月 日　代理申报日期：　　年 月 日　受理日期：　年 月 日

举一反三（练一练/练习题）

（1）某企业 7 月实现利润总额 50000 元；1～6 月累计利润总额 150000 元，

累计已预交企业所得税 25000 元（上年亏损 50000 元）。适用所得税税率为 25%。

要求：

1）计算 7 月应预交企业所得税额。

2）写出申报预交企业所得税的会计分录。

（2）某企业 2014 年度有关企业所得税的会计资料如下：

1）全年利润总额 98000 元，营业收入 560000 元。

2）全年工资总额 150000 元，福利费支出 10000 元，职工教育经费支出 3000 元。

3）从别的公司拆借 1 年期流动资金 100000 元，支付利息 12000 元。同期银行流动资金贷款利率为 8%。

4）全年业务招待费支出 40000 元。

5）因涉嫌偷税被税务局罚款 2000 元。

6）通过民政局向灾区捐款 20000 元，为文化节赞助 1000 元。

7）本年投资收益为：从所入股企业分得股利 2000 元，购买国债利息收入 1000 元。

8）转让一项专利技术净收益 10000 元。

9）上年亏损 20000 元。

10）固定资产折旧、专利权摊销采用直线法，折旧、摊销年限符合税法规定。社会保险费按政府规定比例缴纳。

11）年内已预缴所得税 20000 元。

要求：

1）计算本年度应纳企业所得税额和应退、补所得税额。

2）写出应退、补企业所得税的会计分录。

实习手册

武强下班后，将今天的实习内容登记在自己的实习手册中。

实习手册

项　目	记录内容
1. 企业所得税申报表的填制方法	
2. 企业所得税附表的构成	
3. 税务机关在征收企业所得税税额时，必须向纳税人开具什么凭证	

续表

项　目	记录内容
4. 向税务机关缴纳企业所得税时的会计分录，应借记什么科目	

记录人：　　　　　　　　　　时间：　　年　　月　　日

项目七　个人所得税

任务一　初识个人所得税

情景引例

武强实习期月工资 1200 元，无奖金；郝师傅月工资 3500 元，奖金 2000 元。郝师傅问武强：我们要缴纳个人所得税吗？如要缴纳，应该如何计算呢？

知识链接

一、个人所得税的纳税人

我国个人所得税的纳税人，是在中国境内居住取得所得的个人，以及不在中国境内居住而从中国境内取得所得的个人，包括中国国内公民，在华取得所得的外籍人员和港、澳、台同胞。个体工商户、个人独资企业、合伙企业的合伙人，也是个人所得税的纳税人。

个人所得税的纳税义务人划分为居民和非居民两类。居民纳税义务人承担无限纳税义务，非居民纳税义务人承担有限纳税义务。

（一）居民纳税人和非居民纳税人的纳税义务

1. 居民纳税人的纳税义务

居民纳税人（即在中国境内有住所，或者无住所而在境内居住满 1 年的个人），应就其来源于中国境内和境外的所得，依照个人所得税法律制度的规定向中国政府履行全面纳税义务，缴纳个人所得税。

在中国境内有住所，是指因户籍、家庭、经济利益关系而在中国境内习惯性居住。无住所而在境内居住满 1 年，是指在一个纳税年度中，在中国境内居住满

365 日。临时离境，不扣减日数，临时离境是指在一个纳税年度中一次不超过 30 日或多次累计不超过 90 日的离境。

2. 非居民纳税人的纳税义务

非居民纳税人（即在中国境内无住所又不居住，或者无住所而在境内居住不满 1 年的个人），仅就其来源于中国境内取得的所得，向我国政府履行有限纳税义务，缴纳个人所得税。

（二）扣缴义务人

凡支付应纳税所得的单位或个人，都是个人所得税的扣缴义务人。

二、个人所得税的征税范围

（一）工资、薪金所得

工资、薪金所得是指个人因任职或受雇而取得的工资、薪金、奖金、年终加薪、劳动分红、津贴、补贴以及与任职或受雇有关的其他所得。这就是说，个人取得的所得，只要是与任职或受雇有关，不论其单位的资金开支渠道是以现金、实物、有价证券等形式支付的，都是工资、薪金所得项目的课税对象。

（二）个体工商户的生产、经营所得

个体工商户的生产、经营所得包括以下几种：

（1）经工商行政管理部门批准开业并领取营业执照的城乡个体工商户，从事工业、手工业、建筑业、交通运输业、商业、饮食业、服务业、修理业及其他行业的生产、经营取得的所得。

（2）个人经政府有关部门批准，取得营业执照，从事办学、医疗、咨询以及其他有偿服务活动取得的所得。

（3）其他个人从事个体工商业生产、经营取得的所得，即个人临时从事生产、经营活动取得的所得。

（4）个人独资企业、合伙企业的合伙人从事生产、经营活动取得的所得。

（三）对企事业单位承包经营、承租经营所得

对企事业单位的承包经营、承租经营所得，是指个人承包经营、承租经营以及转包、转租取得的所得，包括承包、承租人取得的工资、薪金性质的所得。

（四）劳务报酬所得

劳务报酬所得是指个人从事设计、装潢、安装、制图、化验、测试、医疗、法律、会计、咨询、讲学、新闻、广播、翻译、审稿、书画、雕刻、影视、录音、录像、演出、表演、广告、展览、技术服务、介绍服务、经济服务、代办服务以及其他劳务取得的所得。

（五）稿酬所得

稿酬所得是指个人因其作品以图书、报纸形式出版、发表而取得的所得。这

里所说的"作品",是指包括中外文字、图片、乐谱等能以图书、报刊方式出版、发表的作品;"个人作品",包括本人的著作、翻译的作品等。个人取得遗作稿酬,应按稿酬所得项目计税。

（六）特许权使用费所得

特许权使用费所得是指个人提供专利权、著作权、商标权、非专利技术以及其他特许权的使用权取得的所得。提供著作权的使用权取得的所得,不包括稿酬所得。作者将自己的文字作品手稿原件或复印件公开拍卖（竞价）取得的所得,应按特许权使用费所得项目计税。

（七）利息、股息、红利所得

利息、股息、红利所得是指个人拥有债权、股权而取得的利息、股息、红利所得。利息是指个人的存款利息（国家宣布 2008 年 10 月 8 日开始取消存款利息税）、货款利息和购买各种债券的利息。股息,也称股利,是指股票持有人根据股份制公司章程规定,凭股票定期从股份公司取得的投资利益。红利,也称公司（企业）分红,是指股份公司或企业根据应分配的利润按股份分配超过股息部分的利润。

（八）财产租赁所得

财产租赁所得是指个人出租建筑物、土地使用权、机器设备车船以及其他财产取得的所得。财产包括动产和不动产。

（九）财产转让所得

财产转让所得是指个人转让有价证券、股权、建筑物、土地使用权、机器设备、车船以及其他自有财产给他人或单位而取得的所得,包括转让不动产和动产而取得的所得。对个人股票买卖取得的所得暂不征税。

（十）偶然所得

偶然所得是指个人取得的所得是非经常性的,属于各种机遇性所得,包括得奖、中奖、中彩以及其他偶然性质的所得（包括现金、实物和有价证券）。个人购买社会福利有奖募捐奖券、中国体育彩票,一次中奖收入不超过 10000 元的,免征个人所得税,超过 10000 元的,应以全额按偶然所得项目计税。

（十一）其他所得

除上述 10 项应税所得项目以外,其他所得应确定征税的,由国务院财政部门确定。

三、个人所得税的税率

个人所得税的税率有超额累进税率和比例税率两种。

1. 工资薪金所得

工资薪金所得的税率为七级超额累进税率（工资、薪金所得税率适用 2013

年计算），如表7-1所示。

表7-1 工资薪金所得税率表

级数	全月应纳税所得额	全月应纳税所得额（不含税级距）	税率（%）	速算扣除数
1	不超过1500元的部分	不超过1455元的部分	3	0
2	超过1500元至4500元的部分	超过1455元至4155元的部分	10	105
3	超过4500元至9000元的部分	超过4155元至7755元的部分	20	555
4	超过9000元至35000元的部分	超过7755元至27255元的部分	25	1005
5	超过35000元至55000元的部分	超过27255元至41255元的部分	30	2755
6	超过55000元至80000元的部分	超过41255元至57505元的部分	35	5505
7	超过80000元的部分	超过57505元的部分	45	13505

注：以每月收入额减除费用3500元以及附加减除费用后的余额。

2. 个体工商户生产经营所得和对企事业单位承包、承租经营所得

个体工商户生产经营所得和对企事业单位承包、承租经营所得的税率，为五级超额累进税率，如表7-2所示。

表7-2 个体工商户生产经营所得和对企事业单位承包、承租经营所得税率表

级数	全年应纳税所得额		税率（%）	速算扣除数
	含税级距	不含税级距		
1	不超过15000元的部分	不超过14250元的部分	5	0
2	超过15000元至30000元的部分	超过14250元至27750元的部分	10	750
3	超过30000元至60000元的部分	超过27750元至51750元的部分	20	3750
4	超过60000元至100000元的部分	超过51750元至79750元的部分	30	9750
5	超过100000元的部分	超过79750元的部分	35	14750

注：以每一纳税年度的收入总额减除成本、费用以及损失后的余额。

3. 劳务报酬所得

适用20%的比例税率。

由于劳务报酬所得实行加成征收，为了计算简便，特设计三级超额累进税率，如表7-3所示。

4. 稿酬所得

适用20%的比例税率，并减征30%。

表7-3　劳务报酬所得税率表

级数	每次应纳税所得额（含税级距）	税率（%）	速算扣除数
1	不超过20000元的部分	20	0
2	超过20000元至50000元的部分	30	2000
3	超过50000元的部分	40	7000

注：本表所称每次应纳税所得额是指每次收入额减除费用800元（每次收入额不超过4000元时）或者减除20%的费用（每次收入额超过4000元时）后的余额。

5. 其余各项所得

其余各项所得均为20%的比例税率。

实习手册

武强下班后，将今天的实习内容登记在自己的实习手册中。

实习手册

项　目	记录内容
1. 个人所得税的纳税人是什么	
2. 个人所得税的征税范围是什么	
3. 个人所得税的税率是什么	

记录人：　　　　　　　　　　　时间：　　年　　月　　日

任务二　应纳税额的计算

情景引例

武强：郝师傅，我现在知道我不属于征税范围，不需要缴纳个人所得税；而您是需要缴纳个人所得税的。

郝师傅：武强，你说的对。那么个人所得税如何计算呢？我需要缴纳多少个人所得税呢？

知识链接

一、工资薪金所得

1. 工资薪金所得按月计税

计算个人所得税的工资薪金范围包括工资、津贴和奖金，但不包括按照国家统一规定发放的津贴、补贴和职工从工资中缴纳的基本社会保险费。

月应纳税所得额 = 月工资薪金收入额 – 3500 元（外籍人员和在境外任职的中国人员减除 4800 元）

月应纳所得税额 = 月应纳税所得额 × 适用最高税率 – 速算扣除数

【案例 7 – 1】

某企业职工林某本月工资及奖金收入 5500 元，计算本月应纳个人所得税。

【解析 7 – 1】

应纳税所得额 = 5500 – 3500 = 2000（元）

应纳个人所得税额 = 2000 × 10% – 105 = 95（元）

2. 领取年终一次性奖金或薪金时，按照一个月工资薪金计税

计算办法如下：

第一步，将一次性奖金额除以 12，按商数在税率表中确定适用税率和速算扣除数。

第二步，按照确定的适用税率和速算扣除数，计算应纳税额。

应纳个人所得税 = 一次性奖金额 × 适用税率 – 本级速算扣除数

如果发放一次性奖金的当月工资薪金低于 3500 元，则应先从奖金总额中减去低于 3500 元的差额，再用上述方法计算。

【案例 7 – 2】

某职工 12 月份领取工资 4000 元，又领取年终奖 12000 元。计算该职工应纳个人所得税额。

【解析 7 – 2】

12 月份工资应纳税所得额 = 4000 – 3500 = 500（元）

12 月份工资应纳个人所得税 = 500 × 3% – 0 = 15（元）

年终奖 12000 ÷ 12 = 1000（元），达到第一级，税率为 3%，速算扣除数为 0。

年终奖应纳个人所得税 = 12000 × 3% – 0 = 360（元）

如果 12 月份领取工资 3000 元，则年终奖应纳个人所得税的计算为：

(12000 – 500) ÷ 12 = 958.33 元，达到第一级，税率为 3%，速算扣除数为 0。

年终奖应纳个人所得税 = 11500 × 3% – 0 = 345（元）

二、个体工商户生产经营所得

个体工商户生产经营所得按年计税，分期预交。

应纳税所得额的计算类似企业所得税。

年应纳税所得额 = 年利润总额 ± 纳税调整项目金额（适用查账征收）

= 收入总额 × 应税所得率（适用核定征收）

年应纳个人所得税额 = 年应纳税所得额 × 适用最高税率 - 速算扣除数

个人独资企业和合伙企业所得税的计算与个体工商户相同，但合伙企业的合伙人按各人分得的所得额分别计税。

【案例 7 - 3】

核定征收方式：按年计税。

某个体工商户全年营业收入总额为 100000 元，税务机关核定的应税所得率为 20%，计算应纳个人所得税。

【解析 7 - 3】

年应纳税所得额 = 100000 × 20% = 20000（元）

年应纳个人所得税额 = 20000 × 10% - 750 = 1250（元）

三、对企事业单位承包、承租经营所得

对企事业单位承包、承租经营所得，按年计税，分次预交。

年应纳税所得额 = 年承包、承租经营所得收入总额 - 3500 元 × 12

年应纳税所得税额 = 年应纳税所得额 × 适用最高税率 - 速算扣除数

【案例 7 - 4】

某人承包一企业全年取得承包收入 200000 元，计算应纳个人所得税。

【解析 7 - 4】

年应纳税所得额 = 200000 - 3500 × 12 = 158000（元）

年应纳个人所得税额 = 158000 × 35% - 14750 = 40550（元）

四、劳务报酬、稿酬、特许权使用费所得

劳务报酬、稿酬、特许权使用费三项所得的应纳税所得额计算相同。

按次计税，劳务报酬连续取得时以一月为一次。

1. 应纳税所得额计算

（1）每次收入 ≤ 4000 元时：

应纳税所得额 = 每次收入 - 800 元

（2）每次收入 > 4000 元时：

应纳税所得额 = 每次收入 × （1 - 20%）

2. 应纳个人所得税额计算

（1）劳务报酬所得：

应纳个人所得税额 = 应纳税所得额 × 适用最高税率 - 速算扣除数

（2）稿酬所得：

稿酬所得应纳税额，税法规定减征30%。

应纳个人所得税额 = 应纳税所得额 × 20% × （1 - 30%）

（3）特许权使用费所得：

应纳个人所得税额 = 应纳税所得额 × 20%

【案例7 - 5】

歌手李某一次取得演艺收入15000元，计算其应纳的个人所得税税额。

【解析7 - 5】

因一次取得劳务报酬所得超过4000元，所以：

应纳税所得额 = 15000 × （1 - 20%） = 1200（元）

此项在税率表第1级，适用税率20%，速算扣除数为0。

应纳个人所得税额 = 12000 × 20% = 2400（元）

【案例7 - 6】

歌手李某一次签约参加营业性演出一个月，共演4场，每场酬金20000元，计算李某应纳的个人所得税税额。

【解析7 - 6】

同一事项连续取得收入的，以1个月内的收入为一次，所以：

应纳税所得额 = 20000 × 4 × （1 - 20%） = 64000（元）

此项在税率表第3级，适用税率40%，速算扣除数7000。

应纳个人所得税额 = 64000 × 40% - 7000 = 18600（元）

【案例7 - 7】

张某利用业余时间写作出版了一本专业丛书，取得稿酬所得共计人民币60000元，计算其应纳的所得税税额。

【解析7 - 7】

应纳税所得额 = 60000 × （1 - 20%） = 48000（元）

应纳个人所得税额 = 48000 × 20% × （1 - 30%） = 6720（元）

五、财产租赁所得

1. 应纳税所得额的计算

（1）每次（月）收入 ≤ 4000元：

应纳税所得额 = 租金收入 - 缴纳的营业税、城建税、教育费附加、房产税 - 修缮费（800元为限） - 800元

（2）每次收入 > 4000元：

应纳税所得额 = ［租金收入 - 缴纳的营业税、城建税、教育费附加、房产

税 – 修缮费（800 元为限）］×（1 – 20%）

2. 应纳个人所得税额的计算

应纳个人所得税额 = 应纳税所得额 × 20%

【案例7 – 8】

某教授本月转让一项技术使用权使用费收入 50000 元；为一家企业制作设计图收入 40000 元；出版教材一部获稿酬 5000 元；当月出租市区一处房屋租金收入 2000 元，缴纳各种相关税金 350 元。计算本月应纳各项个人所得税。

【解析7 – 8】

（1）特许权使用费所得：

应纳税所得额 = 50000 ×（1 – 20%）= 40000（元）

应纳个人所得税额 = 40000 × 20% = 8000（元）

（2）劳务报酬所得：

应纳税所得额 = 40000 ×（1 – 20%）= 32000（元）

应纳所得税额 = 32000 × 30% – 2000 = 7600（元）

（3）稿酬所得：

应纳税所得额 = 5000 ×（1 – 20%）= 4000（元）

应纳个人所得税额 = 4000 × 20% ×（1 – 30%）= 560（元）

（4）财产租赁所得：

应纳税所得额 = 2000 – 350 – 800 = 850（元）

应纳个人所得税额 = 850 × 20% = 170（元）

六、财产转让所得

财产转让所得按次计税：

应纳税所得额 = 财产转让收入 – 财产原值（取得成本）– 相关税费

应纳个人所得税额 = 应纳税所得额 × 20%

【案例7 – 9】

某居民以 100000 元出售一处住房，支付中介机构手续费 500 元，支付过户费 100 元，缴纳营业税、城建税和教育费附加、印花税共计 5550 元。此房原购价为 80000 元。计算应纳个人所得税。

【解析7 – 9】

应纳税所得额 = 100000 – 80000 – 500 – 100 – 5550 = 13850（元）

应纳个人所得税额 = 13850 × 20% = 2770（元）

七、利息、股息、红利所得和偶然所得

利息、股息、红利所得和偶然所得按次计税：

应纳税所得额 = 每次收入额

应纳个人所得税额 = 应纳税所得额 × 20%

此外，税法还规定，纳税人进行以下捐赠可以从应纳税所得额中扣除：

（1）通过非营利社会团体和国家机关的公益救济性捐赠，不超过应纳税所得额 30% 的部分，可以从应纳税所得额中扣除。

（2）向农村义务教育捐赠可全额扣除。

（3）资助技术研发费用可全额扣除。

【案例 7 - 10】

某居民取得所投资公司派发的红利 15000 元，不久前购买彩票中奖 10 万元，计算其应缴纳个人所得税金额。

【解析 7 - 10】

（1）取得红利应缴纳个人所得税额 = 15000 × 20% = 3000（元）

（2）购买彩票中奖应缴纳个人所得税额 = 100000 × 20% = 20000（元）

（3）合计缴纳个人所得税额 = 3000 + 20000 = 23000（元）

实习手册

武强下班后，将今天的实习内容登记在自己的实习手册中。

实习手册

项　目	记录内容
1. 个税起征点是多少	
2. 工资薪金所得是按月计税的吗	
3. 计算郝师傅应缴纳的所得税额是多少	
4. 劳务报酬、稿酬、特许权使用费所得应纳税额计算是相同的吗	

记录人：　　　　　　　　　　　　时间：　　年　　月　　日

任务三　个人所得税的核算

情景引例

武强：郝师傅，我已将本公司的个人所得税都计算出来了，请您审阅。

郝师傅：做得很好。那么个人所得税计算后如何入账呢？

知识链接

一、个体工商户和个人独资企业缴纳生产经营所得个人所得税

1. 纳税申报的会计处理

借：所得税费用

　　贷：应交税费——应交所得税

同时：

借：本年利润

　　贷：所得税费用

2. 缴纳税款的会计处理

借：应交税费——应交所得税

　　贷：银行存款

二、企业扣缴职工工资薪金所得税

1. 代扣所得税的会计处理

借：应付职工薪酬——工资【应发工资】

　　贷：应交税费——应交个人所得税【扣缴个人所得税】

　　　　银行存款或库存现金【实发工资】

2. 缴纳税款的会计处理

借：应交税费——应交个人所得税【扣缴个人所得税】

　　贷：银行存款

三、企业扣缴支付外部人员劳务报酬等所得的应交所得税

借：主营业务成本或制造费用、管理费用等【应付报酬额】

　　贷：应交税费——应交个人所得税【扣缴个人所得税】

　　　　银行存款或库存现金【实付金额】

【案例 7 - 11】

同【案例 7 - 1】资料，要求：做出企业月末发工资时的会计处理。

【解析 7 - 11】

如该企业为林某代扣代缴个人所得税，企业账务处理为：

计算出应代扣的个人所得税时：

借：应付职工薪酬——工资　　　　　　　　　　　　　　95

　　贷：应交税费——应交个人所得税　　　　　　　　　　　95

实际缴纳个人所得税款时：

借：应交税费——应交个人所得税　　　　　　　　　　　95

　　贷：银行存款　　　　　　　　　　　　　　　　　　95

实习手册

武强下班后，将今天的实习内容登记在自己的实习手册中。

实习手册

项　目	记录内容
1. 个体工商户和个人独资企业缴纳生产经营所得个人所得税如何进行账务处理	
2. 企业扣缴职工工资薪金所得税的账务处理	
3. 企业扣缴支付外部人员劳务报酬等所得的应交所得税如何进行账务处理	

记录人：　　　　　　　　　时间：　　年　　月　　日

任务四　个人所得税纳税申报资料的填制

情景引例

郝师傅：武强，个人所得税纳税申报有几种方法你知道吗？如何填制纳税申报表？

知识链接

一、个人所得税的申报方式

个人所得税的征收方式主要有两种：一是代扣代缴，二是自行纳税申报。此外，一些地方为了提高征管效率，方便纳税人，对个别应税所得项目，采取了委托代征的方式。因此，个人所得税的申报方式也有两种。

1. 扣缴申报

个人所得税，以所得人为纳税义务人，以支付所得的单位或者个人为扣缴义务人。

扣缴义务人应当按照国家税法规定办理全员全额扣缴申报。

2. 自行申报

国家税务总局关于印发《个人所得税自行纳税申报办法（试行）的通知》规定，

纳税义务人有下列情形之一的，应当按照规定自行到主管税务机关办理纳税申报：

（1）年所得 12 万元以上的。

如果个人在一个纳税年度内取得所得超过 12 万元，无论其平常取得各项所得时是否已足额缴纳了个人所得税，或者是否已向税务机关进行了自行纳税申报，年度终了后，均应当按《个人所得税自行纳税申报办法（试行）的通知》的有关规定向主管税务机关办理纳税申报。

（2）从中国境内两处或者两处以上取得工资、薪金所得的。

（3）从中国境外取得所得的。

（4）取得应纳税所得，没有扣缴义务人的。

（5）国务院规定的其他情形。

二、个人所得税的纳税期限

扣缴义务人每月所扣的税款，自行申报纳税人每月应纳的税款，都应当在次月 7 日内缴入国库，并向税务机关报送纳税申报表。

（1）工资、薪金所得应纳的税款，按月计征，由扣缴义务人或者纳税义务人在次月 15 日内缴入国库，并向税务机关报送纳税申报表。特定行业的工资、薪金所得应纳的税款，可以实行按年计算、分月预缴的方式计征，具体办法由国务院规定。

（2）个体工商户的生产、经营所得应纳的税款，按年计算，分月预缴，由纳税义务人在次月 15 日内预缴，年度终了后 3 个月内汇算清缴，多退少补。

（3）对企事业单位的承包经营、承租经营所得应纳的税款，按年计算，由纳税义务人在年度终了后 30 日内缴入国库，并向税务机关报送纳税申报表。纳税义务人在一年内分次取得承包经营、承租经营所得的，应当在取得每次所得后的 15 日内预缴，年度终了后 3 个月内汇算清缴，多退少补。

（4）从中国境外取得所得的纳税义务人，应当在年度终了后 30 日内，将应纳的税款缴入国库，并向税务机关报送纳税申报表。

纳税人因有特殊困难，不能按期缴纳税款的，经省、自治区、直辖市国税局、地税局批准，可以延期缴纳，但最长不得超过 3 个月。

三、纳税申报表的填制

对于企业来说，纳税申报主要是从事生产经营的个体工商户、企事业单位承包承租经营者、个人独资企业投资者和合伙企业合伙人的纳税申报；再就是扣缴个人所得税申报。

（一）生产、经营所得个人所得税纳税申报表

1. 生产、经营所得个人所得税纳税申报表（A 表）

适用于个体工商户、企事业单位承包承租经营者、个人独资企业投资者和合伙企业合伙人的预交纳税申报，如表 7-4 所示。

表7-4 生产、经营所得个人所得税纳税申报表（A表）

税款所属期：　年　月　日至　年　月　日　　　　　　　　　单位：元（列至角分）

投资者信息	姓名	身份证件类型		身份证件号码												
	国籍（地区）			纳税人识别号												
被投资单位信息	名称			纳税人识别号												
	征收方式	□查账征收 □核定征收		类型	□个体工商户　　□承包、承租经营者 □个人独资企业　□合伙企业												

项目		行次	金额
一、本期收入总额		1	
二、本期成本费用总额		2	
三、本期利润总额		3	
四、分配比例（%）		4	
五、应纳税所得额		5	
查账征收	1. 按本期实际计算的应纳税所得额	6	
	2. 上年度应纳税所得额的 1/12 或 1/4	7	
核定征收	1. 税务机关核定的应税所得率（%）	8	
	2. 税务机关认可的其他方法确定的应纳税所得额	9	
六、按上述内容换算出的全年应纳税所得额		10	
七、税率（%）		11	
八、速算扣除数		12	
九、本期预缴税额		13	
十、减免税额		14	
十一、本期实际应缴税额		15	

谨声明：此表是根据《中华人民共和国个人所得税法》及其实施条例和国家相关法律法规规定填写的，是真实的、完整的、可靠的。

　　纳税人签字：　　　　　　年　月　日

代理申报机构（人）公章： 经办人： 经办人执业证件号码：	主管税务机关受理专用章： 受理人：
代理申报日期：　年　月　日	受理日期：　年　月　日

填表说明：

一、适用范围

本表适用于查账征收"个体工商户的生产、经营所得"和"对企事业单位的承包经营、承租经营所得"个人所得税的个体工商户、企事业单位承包承租经营者、个人独资企业投资者和合伙企业合伙人的预缴纳税申报，以及实行核定征收的纳税申报。纳税人在办理申报时，须同时附报《个人所得税基础信息表（B表）》。

合伙企业有两个或两个以上自然人投资者的，应分别填报本表。

二、申报期限

实行查账征收的个体工商户、个人独资企业、合伙企业，纳税人应在次月15日内办理预缴纳税申报；

承包承租者如果在 1 年内按月或分次取得承包经营、承租经营所得的，纳税人应在每月或每次取得所得后的 15 日内办理预缴纳税申报。

实行核定征收的，应当在次月 15 日内办理纳税申报。

三、本表各行填写方法如下：

1. 第 1 行"本期收入总额"：填写该投资单位在本期内取得的收入总额。

2. 第 2 行"本期成本费用总额"：填写该投资单位在本期内发生的所有成本、费用、税金总额。

3. 第 3 行"本期利润总额"：根据相关栏次计算：第 3 行 = 第 1 行 - 第 2 行。

4. 第 4 行"分配比例"：纳税人为合伙企业合伙人的，填写本栏；其他则不填。分配比例按照合伙企业分配方案中规定的该合伙人的比例填写；若没有规定，则按人平均分配。

5. 第 5 行"应纳税所得额"：根据不同的征收方式填写。

（1）查账征收。

1）除合伙企业合伙人外的其他纳税人。

①按本期实际计算的，第 5 行 = 第 6 行 = 第 3 行。

②按上年度应纳税所得额的 1/12 或 1/4 计算的，第 5 行 = 第 7 行。

2）合伙企业合伙人。

①按本期实际计算的，第 5 行 = 第 6 行 = 第 3 行 × 第 4 行。

②按上年度应纳税所得额的 1/12 或 1/4 计算的，第 5 行 = 第 7 行。

（2）核定征收。

1）除合伙企业合伙人外的其他纳税人。

①税务机关采取核定应税所得率方式计算应纳税所得额的，第 5 行 = 第 1 行 × 第 8 行或 = 第 2 行 ÷（1 - 第 8 行）× 第 8 行。

②税务机关认可的其他方法确定应纳税所得额的，第 5 行 = 第 9 行。

2）合伙企业合伙人。

①税务机关采取核定应税所得率方式计算应纳税所得额的，第 5 行 = 第 1 行 × 第 8 行 × 第 4 行或 = 第 2 行 ÷（1 - 第 8 行）× 第 8 行 × 第 4 行。

②税务机关认可的其他方法确定应纳税所得额的，第 5 行 = 第 9 行 × 第 4 行。

6. 第 10 行"按上述内容换算出的全年应纳税所得额"：根据相关栏次计算。

第 10 行 = 第 9 行 × 12 个月（或 4 个季度）

7. 第 11 行"税率"及第 12 行"速算扣除数"：按照税率表，根据第 10 行计算得出的数额进行查找。

8. 第 13 行"本期预缴税额"：根据相关栏次计算。

第 13 行 = （第 10 行 × 第 11 行 - 第 12 行）÷ 12 个月（或 4 个季度）

9. 第 14 行"减免税额"：是指符合税法规定可以减免的税额。

10. 第 15 行"本期实际应缴税额"：根据相关栏次计算。

第 15 行 = 第 13 行 - 第 14 行

11. 如果税务机关采取核定税额方式征收个人所得税的，将核定的税额直接填入第 15 行"本期实际应缴税额"栏。

2. 生产、经营所得个人所得税纳税申报表（B 表）

适用于实行查账征收的个体工商户、企事业单位承包承租经营者、个人独资企业投资者和合伙企业合伙人的年度汇算清缴纳税申报，如表 7-5 所示。

表7-5 生产、经营所得个人所得税纳税申报表（B表）

税款所属期： 年 月 日至 年 月 日 单位：元（列至角分）

投资者信息	姓名		身份证件类型		身份证件号码									
	国籍（地区）				纳税人识别号									
被投资单位信息	名称				纳税人识别号									
	类型	□个体工商户 □承包、承租经营者 □个人独资企业 □合伙企业												

项 目	行次	金额	补充资料
一、收入总额	1		
减：成本	2		
营业费用	3		
管理费用	4		
财务费用	5		
营业税金及附加	6		
营业外支出	7		
二、利润总额	8		
三、纳税调整增加额	9		
1. 超过规定标准扣除的项目	10		
（1）职工福利费	11		
（2）职工教育经费	12		1. 年平均职工人数：＿＿＿＿人
（3）工会经费	13		2. 工资总额：＿＿＿＿元
（4）利息支出	14		3. 投资者人数：＿＿＿＿人
（5）业务招待费	15		
（6）广告费和业务宣传费	16		
（7）教育和公益事业捐赠	17		
（8）住房公积金	18		
（9）社会保险费	19		
（10）折旧费用	20		
（11）无形资产摊销	21		
（12）资产损失	22		
（13）其他	23		
2. 不允许扣除的项目	24		
（1）资本性支出	25		

续表

（2）无形资产受让、开发支出	26	
（3）税收滞纳金、罚金、罚款	27	
（4）赞助支出、非教育和公益事业捐赠	28	
（5）灾害事故损失赔偿	29	
（6）计提的各种准备金	30	
（7）投资者工资薪金	31	
（8）与收入无关的支出	32	
其中：投资者家庭费用	33	
四、纳税调整减少额	34	
1. 国债利息收入	35	
2. 其他	36	
五、以前年度损益调整	37	
六、经纳税调整后的生产经营所得	38	
减：弥补以前年度亏损	39	
乘：分配比例%	40	
七、允许扣除的其他费用	41	
八、投资者减除费用	42	
九、应纳税所得额	43	
十、税率（%）	44	
十一、速算扣除数	45	
十二、应纳税额	46	
减：减免税额	47	
十三、全年应缴税额	48	
加：期初未缴税额	49	
减：全年已预缴税额	50	
十四、应补（退）税额	51	

谨声明：此表是根据《中华人民共和国个人所得税法》及其实施条例和国家相关法律法规规定填写的，是真实的、完整的、可靠的。

纳税人签字：　　　年　月　日

代理申报机构（人）公章：	
经办人：	主管税务机关受理专用章：
经办人执业证件号码：	受理人：
代理申报日期：　年　月　日	受理日期：　年　月　日

3. 个人所得税基础信息表（B 表）

本表属于个体工商户、企事业单位承包承租经营者、个人独资企业投资者和合伙企业合伙人的纳税申报表的附表，填写投资人的基础信息，初次申报时填报，以后有变化时填报，如表 7－6 所示。

表 7－6 个人所得税基础信息表（B 表）

姓名	身份证件类型	身份证件号码									
纳税人类型	□有任职受雇单位 □无任职受雇单位（不含股东投资者） □投资者 □无住所个人 （可多选）										
任职受雇单位名称及纳税人识别号											
"三费一金"缴纳情况	□基本养老保险费 □基本医疗保险费 □失业保险费 □住房公积金 □无 （可多选）				电子邮箱						
境内联系地址	_____省_____市_____区（县）_____				邮政编码						
联系电话	手机：_____ 固定电话：_____				职业						
职务	○高层 ○中层 ○普通 （只选一）				学历						
是否残疾人/烈属/孤老	□残疾 □烈属 □孤老 □否				残疾等级情况						
该栏仅由有境外所得纳税人填写	○户籍所在地 ○经常居住地	_____省_____市_____区（县）_____ 邮政编码_____									
该栏仅由投资者纳税人填写	被投资单位信息	投资者类型	□个体工商户 □个人独资企业投资者 □合伙企业合伙人 □承包、承租经营者 □股东 □其他投资者 （可多选）								
		名称			扣缴义务人编码						
		地址			邮政编码						
		登记注册类型			行业						
		所得税征收方式	○查账征收 ○核定征收（只选一）		主管税务机关						
		以下由股东及其他投票者填写									
		公司股本（投资）总额			个人股本（投资）额						

续表

	纳税人识别号				
	国籍（地区）		出生地		
	性别		出生日期	年　月　日	
	劳动就业证号码		是否税收协定缔约国对方居民	○是　○否	
	境内职务		境外职务		
	来华时间		任职期限		
	预计离境时间		预计离境地点		
该栏仅由无住所纳税人填写	境内任职受雇单位	名称	扣缴义务人编码		
		地址	邮政编码		
	境内受聘签约单位	名称	扣缴义务人编码		
		地址	邮政编码		
	境外派遣单位	名称	地址		
	支付地	○境内支付　○境外支付　○境内、外同时支付（只选一）	境外支付国国别（地区）		

谨声明：此表是根据《中华人民共和国个人所得税法》及其实施条例和国家相关法律法规规定填写的，是真实的、完整的、可靠的。

　　纳税人签字：　　　　　　年　月　日

填写说明：

有境外所得的纳税人填写栏：纳税人从中国境外取得所得的填写本栏；没有则不填。

投资者纳税人填写栏：由自然人股东、投资者填写。如果没有对外投资的，则不填。

无住所纳税人填写栏：由在中国境内无住所纳税人填写。其他则不填。

（二）扣缴个人所得税申报表

1. 扣缴个人所得税报告表

主要适用于企业代扣职工工资薪金个人所得税及支付临时工作人员劳务报酬的所得税扣缴申报，如表7-7所示。

表7-7 扣缴个人所得税报告表

扣缴义务人税务登记证件号码：□□□□□□□□□□□□□□□□□□□□□□

扣缴义务人名称： 所属时期： 年 月 日至 年 月 日

单位：元（列至角分）

序号	纳税人姓名	身份证照类型	身份证照号码	国籍	所得项目	所得期间	收入额	免税收入额	允许扣除税费	费用扣除标准	准予扣除的捐赠额	应纳税所得额	税率（%）	速算扣除数	应扣税额	已扣税额	备注
1	2	3	4	5	6	7	8	9	10	11	12	13=8-9-10-11-12	14	15	16=13×14-15	17	18
合　计																	

扣缴义务人或代理人声明： 此纳税申报表是根据国家税收法律的规定填报的，我确定它是真实的、可靠的、完整的。 纳税人签字：	如扣缴义务人填报，由扣缴义务人填写以下各栏：				受理机关(签章) 受理日期： 年　月　日
	办税人员 （签章）	财务负责人 （签章）	法定代表人 （签章）	联系电话	
	如委托代理人填报，由代理人填写以下各栏：				
	代理人名	经办人 （签章）	联系 电话	代理人 （公章）	

2. 个人所得税基础信息表（A表）

本表属于扣缴个人所得税报告表的附表，填写应纳税职工或提供劳务人员的基础信息，初次申报时填报，以后有变化时再次填报，如表7-8所示。

纳税实务

表7-8 个人所得税基础信息表（A表）

扣缴义务人名称：

扣缴义务人编码：□□□□□□□□□□□□□□□□

序号	姓名	国籍（地区）	身份证件类型	身份证件号码	是否残疾烈属孤老	雇员		非雇员		股东、投资者		境内无住所个人								备注
						电话	电子邮箱	联系地址	电话	工作单位	公司股本（投资）总额	个人股本（投资）额	纳税人识别号	来华时间	任职期限	预计离境时间	预计离境地点	境内职务	境外职务	支付地	境外支付地（国别/地区）
1																					
2																					
3																					
4																					
5																					
6																					
7																					
8																					
9																					
10																					
11																					
12																					
13																					
14																					

谨声明：此表是根据《中华人民共和国个人所得税法》及其实施条例和国家相关法律法规规定填报的，是真实的、完整的、可靠的。

法定代表人（负责人）签字：　　　　　　年　月　日

扣缴义务人公章： 经办人：	代理机构（人）签章： 经办人： 经办人执业证件号码：	主管税务机关受理专用章： 受理人：
填表日期：　年　月　日	代理申报日期：　年　月　日	受理日期：　年　月　日

举一反三（练一练/练习题）

（1）百姓火锅城为个人独资企业，位于海南省海口市民生路18号，纳税人识别号 214578458963210047。所得税实行查账征收。业主投资人张志华，身份证号码为 623148198012250123，学历为大专，缴纳养老保险和医疗保险，无对外投资。

2014 年 7 月营业收入为 50000 元，营业成本、费用、缴纳营业税共 30000 元。

要求：根据以上资料，填制生产、经营所得个人所得税纳税申报表（A 表）和个人所得税基础信息表（B 表）。

生产、经营所得个人所得税申报表（B 表）的填写，与企业所得税年度纳税申报表类似，在此不再填写。

（2）立达电器有限责任公司，2014 年 7 月应扣缴工资薪金个人所得税的职工有三人，他们应纳税额工资额分别为：张兴 7000 元，王仁 6000 元，李进 5000 元。三人的有关信息如下：

张兴：身份证号 310402195702132751，电话 13577891230，电子邮箱 985478912@qq.com。

王仁：身份证号 210122196310152784，电话 138264561237，电子邮箱 lzdo@163.com。

李进：身份证号 610529198012252756，电话 13901485412，电子邮箱 lzdo@126.com。

要求：根据以上资料，填制扣缴个人所得税申报表和个人所得税基础信息表（A 表）。

实习手册

武强下班后，将今天的实习内容登记在自己的实习手册中。

实习手册

项　目	记录内容
1. 个人所得税的申报方法有哪些	
2. 个人所得税的申报表有哪几种	

记录人：　　　　　　　　　时间：　　年　　月　　日

项目八　其他税种

情景引例

今天，赵科长对武强近期的实习提出了表扬。武强也很高兴，自己已对增值税、营业税、消费税、企业所得税、个人所得税五大税种的计算、纳税申报、会计核算有了初步掌握，很有成就感。但是，赵科长又提出了新的问题。

赵科长：你知道企业还要缴纳哪些税种吗？你知道哪些属于地税哪些属于国税吗？

郝师傅接着说：除了前面学习了企业的五大流转税种外，企业还要缴纳城市维护建设税和教育费附加、房产税、车船税等，税务知识的学习是终身的学习。加油！

任务一　城市维护建设税和教育费附加

知识链接

一、城市维护建设税和教育费附加的计算与会计处理

（一）城市维护建设税和教育费附加的纳税人

纳税人为缴纳增值税、消费税、营业税的单位和个人。

（二）城市维护建设税和教育费附加的计税依据

计税依据为缴纳增值税、消费税、营业税的税额。

（三）城市维护建设税和教育费附加的税率

（1）城市维护建设税的税率为：

城市 7%，县、镇 5%，其他地区 1%。

（2）教育费附加税的税率为：3%。

（四）城市维护建设税和教育费附加的计算

（1）城市维护建设税为：

应纳税额＝缴纳增值税、消费税、营业税的税额合计×适用税率

（2）教育费附加为：

应纳税额＝缴纳增值税、消费税、营业税的税额合计×3%

【案例8－1】

华胜实业有限公司，2014 年 8 月缴纳增值税 20000 元、营业税 5000 元，公司位于城市。

要求：计算本月应纳城市维护建设税和教育费附加。

【解析8－1】

应纳城市维护建设税＝（20000 + 5000）×7% ＝1750（元）

应纳教育费附加＝（20000 + 5000）×3% ＝750（元）

（五）城市维护建设税和教育费附加税的会计处理

城市维护建设税和教育费附加，属于增值税、消费税、营业税三个流转税的附加税，为取得销售收入、营业收入缴纳的税金，所以记入“营业税金及附加”账户。

由于城市维护建设税和教育费附加一并申报，性质相同，可以合并为一个明细科目。因此会计处理为：

借：营业税金及附加

　　贷：应交税费——应交城市维护建设税和教育费附加

【案例8－2】

资料见【案例8－1】

要求：根据资料做出计提城市维护建设税和教育费附加的会计分录。

【解析8－2】

会计分录如下：

借：营业税金及附加　　　　　　　　　　　　　　　　　　2500

　　贷：应交税费——应交城市维护建设税和教育费附加　　　　　2500

二、城市维护建设税和教育费附加的纳税申报

（一）纳税期限和申报期限

城市维护建设税和教育费附加的纳税期限和申报期限，与增值税、消费税及营业税相同。

（二）纳税申报表的填制

城市维护建设税和教育费附加的纳税申报表如表8－1所示。

（1）该表仅限增值税、消费税纳税人在向地方税务机关申报缴纳城市维护建设税、教育费附加时使用。

（2）该表"税务登记号码"是指地方税务机关核发的税务登记证件编号。

（3）"所属日期"应与增值税、消费税的税款所属期保持一致。

表8－1　城市维护建设税纳税申报表

纳税人识别号：☐☐☐☐☐☐☐☐☐☐☐☐☐☐☐

纳税人名称（公章）：

税款所属期限：自　　年　月　日至　　年　月　日

填表日期：　　年　月　日　　　　　　　　　　单位：元（列至角分）

计税依据	计税金额	税率	应纳税额	已纳税额	应补（退）税额
1	2	3	4＝2×3	5	6＝4－5
增值税					
营业税					
消费税					
合计					

如纳税人填报，由纳税人填写以下各栏			如委托代理人填报，由代理人填写以下各栏		备注
会计主管（签章）	经办人（签章）	纳税人（签章）年 月 日	代理人名称		代理人（签章）
			代理人地址		
			经办人	电话	

以下由税务机关填写				
收到申报表日期		接收人		

【案例8－3】

福运有限责任公司从事办公家具的加工销售安装服务，2014年9月已经缴纳增值税7000元，营业税2000元，消费税1000元。

要求：计算该公司本月应该缴纳的城市维护建设税并填制纳税申报表。

【解析8－3】城建税的计税依据是纳税人实际缴纳的增值税、消费税、营业税税额之和。

福州属于市区，采用7%的税率，应纳城市维护建设税额为（7000＋2000＋1000）×7%＝700元。

城市维护建设税纳税申报表填报如表 8-2 所示。

表 8-2 城市维护建设税纳税申报表

纳税人识别号：☐☐☐☐☐☐☐☐☐☐☐☐☐☐☐☐

纳税人名称（公章）：福运有限责任公司

税款所属期限：自 2014 年 9 月 1 日至 2014 年 9 月 30 日

填表日期：2014 年 10 月 10 日　　　　　　　　　　　单位：元（列至角分）

计税依据	计税金额	税率	应纳税额	已纳税额	应补（退）税额
1	2	3	4 = 2×3	5	6 = 4-5
增值税	7000	7%	490	0	490
营业税	2000	7%	140	0	140
消费税	1000	7%	70	0	70
合计					700

如纳税人填报，由纳税人填写以下各栏			如委托代理人填报，由代理人填写以下各栏			备注
会计主管（签章）	经办人（签章）	纳税人（签章）年　月　日	代理人名称		代理人（签章）	
			代理人地址			
			经办人	电话		
以下由税务机关填写						
收到申报表日期			接收人			

举一反三（练一练/练习题）

某酒厂位于城市，本月应交增值税 150000 元，应交消费税 250000 元，房屋出租应交营业税 500 元。

要求：

（1）计算本月应交城市维护建设税和教育费附加的金额。

（2）写出申报应交城市维护建设税和教育费附加的会计分录。

实习手册

武强下班后，将今天的实习内容登记在自己的实习手册中。

实习手册

项　目	记录内容
1. 城市维护建设税和教育费附加的纳税人	
2. 城市维护建设税和教育费附加税的计税依据	
3. 城市维护建设税的税率是多少	
4. 教育费附加税的税率是多少	

记录人：　　　　　　　　　　时间：　　年　　月　　日

任务二　土地增值税

知识链接

一、土地增值税的基本知识

（一）土地增值税的纳税人和征税范围

土地增值税是指转让国有土地使用权、地上的建筑物及其附着物并取得收入的单位和个人缴纳的一种税。

土地增值税的纳税人就是转让房地产的单位和个人。

土地增值税的征税范围只针对转让房地产的行为，房地产的范围包括土地、房屋、建筑物、附着物。

（二）土地增值税的计税依据

土地增值税的计税依据为增值额。

增值额 = 房地产转让收入 − 扣除项目金额

（三）土地增值税的税率

土地增值税的税率为四级超率累进税率，税率表如表8-3所示。

表8-3　土地增值税税率表

级次	土地增值率	适用税率（%）	速算扣除率（%）
1	未超过50%的部分	30	0
2	超过50%至100%的部分	40	5

级次	土地增值率	适用税率（%）	速算扣除率（%）
3	超过100%至200%的部分	50	15
4	超过200%的部分	60	35

二、土地增值税的计算

(一) 土地增值税的计算原理和方法

计算原理为：

应纳税额 = $\sum$ 每级土地增值额 × 适用本级税率

计算方法（速算法）为：

应纳税额 = 土地增值额 × 达到最高级的税率 – 扣除项目金额 × 速算扣除率

(二) 土地增值税的计算步骤

第一步，计算土地增值额。

土地增值额 = 房地产转让收入 – 扣除项目金额

第二步，计算土地增值率。

土地增值率 = 土地增值额 ÷ 扣除项目金额 × 100%

第三步，确定土地增值率达到的级次，找到适用税率和速算扣除率。

第四步，计算应纳税额。

应纳税额 = 土地增值额 × 达到最高级的税率 – 扣除项目金额 × 速算扣除率

【案例8－4】

某房地产开发公司出售一栋住宅楼收入3500万元，建楼总投资600万元，购进土地支出300万元，缴纳相关税金192.5万元，属于本开发项目的借款利息100万元。

要求：计算应纳土地增值税的税额。

【解析8－4】

应纳税额 = 土地增值额 × 达到最高级的税率 – 扣除项目金额 × 速算扣除率

第一步，计算土地增值额。

土地增值额 = 房地产转让收入 – 扣除项目金额

开发费用 = 100 + (300 + 600) × 5% = 145(万元)

加计扣除额 = (300 + 600) × 20% = 180(万元)

扣除项目金额合计 = 300 + 600 + 145 + 192.5 + 180 = 1417.5(万元)

土地增值额 = 3500 – 1417.5 = 2082.5(万元)

第二步，计算土地增值率。

土地增值率 = 土地增值额 ÷ 扣除项目金额 × 100%

土地增值率 = 2082.5 ÷ 1417.5 = 146.9%

第三步，确定土地增值率达到的级次，找到适用税率和速算扣除率。

查税率表，达到第三级适用税率50%，速算扣除率15%。

第四步，计算应纳税额。

应纳税额 = 土地增值额 × 达到最高级的税率 - 扣除项目金额 × 速算扣除率

应纳土地增值税额 = 2082.5 × 50% - 1417.5 × 15% = 828.625（万元）

三、土地增值税的会计处理

（一）房地产开发企业应纳土地增值税的会计处理

房地产开发企业缴纳的土地增值税，属于销售税金，因此会计处理为：

借：营业税金及附加

　　贷：应交税费——应交土地增值税

（二）其他企业应纳土地增值税的会计处理

1. 出售房屋、建筑物应纳土地增值税的会计处理

其他企业出售房屋、建筑物，属于出售固定资产，因此会计处理为：

借：固定资产清理

　　贷：应交税费——应交土地增值税

四、土地增值税的纳税申报

（一）土地增值税纳税申报的期限和办法

纳税人应在转让房地产合同签订后的7日内，到房地产所在地主管税务机关办理纳税申报，并向税务机关提交房屋及建筑物产权、土地使用权证书，土地转让、房产买卖合同，房地产评估报告及其他与转让房地产有关的资料。

纳税人在项目全部竣工结算前转让房地产取得的收入，由于涉及成本确定或其他原因，而无法据以计算土地增值税的，可以预征土地增值税，待该项目全部竣工、办理结算后再进行清算，多退少补。

对房地产开发企业土地增值税预征的办法为：

预征土地增值税额 = 房地产销售收入 × 预征率

（二）土地增值税纳税申报表的填制

土地增值税纳税申报表（地方税费综合纳税申报表）。如表8-4所示。

表8-4 土地增值税纳税申报表

纳税人名称		项目名称		项目地址	
业　别		经济性质		主管部门	邮编
开户银行		银行账号			电话

项　目	行次	账面金额
一、转让房地产收入总额 1＝2＋3＋4	1	
其中 货币收入	2	
实物收入及其他收入	3	
代收费用	4	
二、扣除项目金额合计 5＝6＋7＋16＋20＋25	5	
1. 取得土地使用权所支付的金额	6	
2. 房地产开发成本 7＝8＋9＋10＋11＋12＋13＋14＋15	7	
其中 土地征用及拆迁补偿费	8	
前期工程费	9	
建筑安装工程费	10	
基础设施费	11	
公共配套设施费	12	
开发间接费用	13	
	14	
	15	

项　目	行次	账面金额
3. 房地产开发费用 16＝17＋18＋19	16	
其中 利息支出	17	
其他房地产开发费用	18	
代收费用	19	
4. 与转让房地产有关的税金等 20＝21＋22＋23＋24	20	
其中 营业税	21	
城市维护建设税	22	
教育费附加	23	
	24	
5. 财政部规定的其他扣除项目 25＝26＋27＋28	25	
其中 加计扣除	26	
代收费用	27	
	28	

续表

项目	行次	账面金额
三、增值额 29＝1－5	29	
四、增值额与扣除项目金额之比 30＝29/5（%）	30	
五、适用税率（%）	31	
六、速算扣除系数（%）	32	
七、应缴土地增值税额 33＝29×31－5×32	33	

项目	行次	账面金额
八、预征率（%）	34	
九、预征（已缴）土地增值税额	35	
十、应补（退）土地增值税款 36＝33－35	36	
十一、单位面积扣除金额		

授权代理人此人

（如果你已委托代理申报人，请填写下列资料）
为代理一切税务事宜，现授权 ＿＿＿＿＿（地址）＿＿＿＿＿ 为本
纳税人的代理申报人，任何与本报表有关的来往在文件都可寄与
此人

授权人签字：＿＿＿＿＿

纳税人签字	法人代表签章

（以下部分由主管税务机关负责填写）

主管税务机关收到日期	接收人	税务审核	备注

审核记录

主管税务

2. 转让土地

其他企业转让土地，属于转让无形资产所有权，因此会计处理为：

借：银行存款【转让收入】

　　累计摊销【土地使用权已摊销金额】

　　贷：无形资产——土地使用权【土地使用权账面余额】

　　　　应交税费——应交土地增值税【土地增值税】

　　　　　　　　——应交营业税【转让无形资产营业税】

　　　　营业外收入【转让净收益】

【案例 8 - 5】

某工业企业因搬迁转让原址土地，该土地使用权账面余额为 500 万元，已摊销 200 万元，转让收入 1000 万元，申报应交土地增值税 130 万元，应交营业税 50 万元。

【解析 8 - 5】

转让净收益 = 转让收入 - 土地使用权账面价值 - 应交税费

　　　　　 = 1000 - （500 - 200） - 130 - 50 = 520 （万元）

会计处理为（单位：万元）：

借：银行存款　　　　　　　　　　　　　　　　　　　1000

　　累计摊销　　　　　　　　　　　　　　　　　　　　200

　　贷：无形资产——土地使用权　　　　　　　　　　　　500

　　　　应交税费——应交土地增值税　　　　　　　　　　130

　　　　　　　　——应交营业税　　　　　　　　　　　　50

　　　　营业外收入　　　　　　　　　　　　　　　　　520

举一反三（练一练/练习题）

绿城房地产开发公司 2014 年 7 月将其开发的写字楼一幢出售，共取得收入 3800 万元。企业为开发该项目支付土地出让金 600 万元，房地产开发本为 1400 万元，专门为开发该项目支付的贷款利息 120 万元。为转让该项目缴纳营业税、城市维护建设税及教育费附加共计 210.9 万元。当地政府规定，企业可以按土地使用权出让费、房地产开发成本之和的 5% 计算扣除其他房地产开发费用。另外，税法规定，从事房地产开发的企业可以按土地出让费和房地产开发成本之和的 20% 加计扣除。

要求：计算填写土地增值税纳税申报表（见表 8 - 4）。

实习手册

武强下班后，将今天的实习内容登记在自己的实习手册中。

实习手册

项　目	记录内容
1. 土地增值税的纳税人和征税范围是什么	
2. 土地增值税的计税依据是什么	
3. 土地增值税采用的是什么税率	
4. 土地增值税的应纳税额是如何计算的	

记录人：　　　　　　　　　　　时间：　　年　　月　　日

任务三　房产税

知识链接

一、房产税的计算与会计处理

（一）房产税的征税范围和纳税人

在城市、县城、建制镇、工矿区范围内拥有房产的单位和个人，为房产税的纳税人。

（二）房产税的计税依据、税率和应纳税额的计算

房产税的计税依据，根据用途不同分为两种情况。

1. 房产出租

房产出租的计税依据为租金收入，税率为12%，计算方法为：

应纳房产税 = 租金收入 × 12%

居民住房出租，用于居住的，可暂减按4%的税率征收房产税。

2. 自用房产及其他情形

自用房产及其他情形的计税依据为房产余值，税率为1.2%。房产余值是指房产原值减去10%~30%后的余值。

计算方法为：

年应纳房产税额 = 房产原值 × (1 - 10%~30%) × 1.2%

【案例8-6】

华电科技有限公司自用房产原值总计为1000000元，税务机关核定的折旧减除率为20%；出租的房产2014年租金收入24000元。

要求：计算当年企业应纳房产税。

【解析8-6】

应纳房产税 = 1000000 × (1 - 20%) × 1.2% + 24000 × 12% = 12480(元)

（三）房产税的会计处理

1. 房产出租

房产出租的租金收入为企业的其他业务收入，应交的房产税属于营业税金。因此，会计处理为：

借：营业税金及附加

　　贷：应交税费——应交房产税

2. 自用房产及其他情形

企业自用房产及其他情形应交的房产税计入"管理费用"或"营业税金及附加"（小企业）账户。

会计处理为：

借：管理费用或营业税金及附加

　　贷：应交税费——应交房产税

二、房产税的纳税申报

（一）纳税期限与起征时间

房产按年征收，可分期缴纳。

开始纳税时间为房产使用、出租的次月。

（二）纳税申报表的填制

房产税纳税申报表如表8-5所示。

举一反三（练一练/练习题）

（1）根据【案例8-6】资料填制房产税纳税申报表（见表8-5）。

（2）某企业位于城市，全部自用房产原值为100万元，税务机关核定的折旧减除率为20%；出租房屋一座，本月收取租金20000元。

要求：

1）计算自用房产每年应纳房产税，并写出申报应纳房产税的会计分录。

2）计算出租房产本月应纳房产税，并写出申报应纳房产税的会计分录。

表 8-5　房产税纳税申报表

税款所属时期：　　年　月　日至　　年　月　日　　　　　　　　单位：元、平方米

纳税人名称		纳税编码		身份证号码(个人)						电话	
		房产所属税务机关		组织机构代码（单位）							
房产登记编号	房产地址	房屋名称（楼名、栋号、房号）	房产用途	房产原值	计税余值	适用税率	年应缴纳税额	本期应缴税额	本期减免税额	本期实缴税额	
合计											

申报人声明	本人对所提交的文件、证件以及填写内容的真实性、有效性和合法性承担责任，如有虚假内容，申报人依法承担相关责任。 法定代表人（自然人申报人）签名（盖章）：　　年　月　日	授权人声明	现授权_____为本申报人本次申报事项的代理人，其法人代表_____，电话_____。若采取邮寄方式送达申报有关往来文件，请寄给下列收件人：□申报人　□代理人 委托代理合同编号： 授权人（法定代表、自然人申报人）签名（盖章）：　　年　月　日	代理人声明	本申报事项根据国家税收法律法规及国家、税务机关的有关规定填报，如有虚假内容，代理人依法承担相关责任。 代理人（法定代表、自然人申报人）签名（盖章）：　　年　月　日	特别声明	本人同意按照税务机关登记的本申报人的房地产信息申报纳税。 法定代表人（自然人申报人）签名（盖章）：　　年　月　日

受理税务机关（章）：　　　　　　受理录入日期：　　　　　　　　受理录入人：

填表说明：

一、"房产所属税务机关"：指房产所在地的主管税务机关。

二、"房产用途"：分别用数字表示：1. 工业；2. 商业；3. 居住；4. 办公；5. 旅馆业；6. 其他。

三、"房产原值"：指取得房产时的账面价值或购买价值（包括企业出租房产原值）。

四、"计税余值"：指按房产原值申报缴纳房产税的房产，其计税余值等于房产原值的70%。

五、"适用税率"：分三种：a. 按房产原值征税的适用1.2%的税率；

　　　　　　　　　　　　b. 按租金征税的适用12%的税率，纳税人申报时请填写《综合申报表》；

　　　　　　　　　　　　c. 个人出租房产暂适用4%的税率，纳税人申报时请填写《综合申报表》。

六、"本期应缴税额"：等于年应缴纳税额÷4。

七、"本期实缴税额"：等于本期应缴税额－本期减免税额。

实习手册

武强下班后，将今天的实习内容登记在自己的实习手册中。

实习手册

项　目	记录内容
1. 房产税的纳税人和征税范围是什么	
2. 房产税的计税依据是什么	
3. 房产税采用的是什么税率	
4. 房产税的应纳税额是如何计算的	

记录人：　　　　　　　　　　　时间：　　年　　月　　日

任务四　车船税

知识链接

一、车船税的计算与会计处理

（一）车船税的征税范围和纳税人

车船税的纳税人为在我国境内拥有车船的单位和个人。

车船税的征税范围包括：

（1）车辆：汽车、电车、摩托车、其他机动车辆。

（2）船舶：机动船、非机动驳船。

（二）车船税的计税依据

车船税的计税依据，根据用途不同分为三种类型：

（1）载人车辆、摩托车，计税依据为辆数。

（2）载货车辆，计税依据为整备质量吨数。

（3）船舶，计税依据一般为净吨位数，游艇为长度。

（三）车船税的税率

车船税的税目税率如表 8 - 6 所示。

表 8-6　车船税税目税率

税　目		计税单位	年基准税额	备　注
乘用车〔按发动机气缸容量（排气量）分档〕	1.0 升（含）以下的	每辆	60 元至 360 元	核定载客人数 9 人（含）以下
	1.0 升以上至 1.6 升（含）的		300 元至 540 元	
	1.6 升以上至 2.0 升（含）的		360 元至 660 元	
	2.0 升以上至 2.5 升（含）的		660 元至 1200 元	
	2.5 升以上至 3.0 升（含）的		1200 元至 2400 元	
	3.0 升以上至 4.0 升（含）的		2400 元至 3600 元	
	4.0 升以上的		3600 元至 5400 元	
商用车	客　车	每辆	480 元至 1440 元	核定载客人数 9 人以上，包括电车
	货　车	整备质量每吨	16 元至 120 元	包括半挂牵引车、三轮汽车和低速载货汽车等
挂车		整备质量每吨	按照货车税额的 50% 计算	
其他车辆	专用作业车	整备质量每吨	16 元至 120 元	包括拖拉机
	轮式专用机械车		16 元至 120 元	
摩托车		每辆	36 元至 180 元	
船舶	机动船舶	净吨位每吨	3 元至 6 元	拖船、非机动驳船分别按照机动船舶税额的 50% 计算
	游　艇	艇身长度每米	600 元至 2000 元	

（四）车船税的计算

根据计税依据不同，计算方法为：

年应纳车船税额 = 车辆辆数 × 每辆年税额

= 整备质量吨数或净吨位数 × 每吨年税额

= 艇身长度 × 每米年税额

【案例 8-7】

兴茂商贸有限公司拥有整备质量为 5 吨的卡车一辆及小轿车一辆。载货汽车适用税率为每吨 50 元，乘用车适用税率为每辆 100 元。

要求：计算当年企业应纳车船税。

【解析 8-7】

应纳车船税 = 5 × 50 + 1 × 100 = 350（元）

（五）车船税的会计处理

车船税属于财产税，应交车船税的会计处理为：

借：管理费用或营业税金及附加（小企业）

贷：应交税费——应交车船税

二、车船税的纳税申报

（一）纳税期限与起征时间

车船税按年征收，可分期缴纳。开始纳税时间为购买车船的当月，购买时间以购买发票时间为准。

（二）纳税申报表的填制

车船税的纳税申报表如表 8-7 所示。

表 8-7　车船税纳税申报表

填表日期：　　年　月　日　　　　　税款所属年度：　　　　　单位：元（列至角分）

| 纳税人名称（单位盖章） | | | 纳税人识别号 | | 电话 | | |

序号	车牌号或船名	车主或船舶所有人	机动车号牌种类代码或船舶登记号	证件种类	证件号码	应纳税额	批准减免税额	实际缴纳税额	欠缴税额	备注

申报车辆合计：		应纳税额合计：		减免税额合计：	
实际缴纳税款合计：		欠缴税额合计：		滞纳金合计：	

纳税人声明	上述申报内容是真实的，如有虚假，愿承担法律责任。纳税人（法定代表人）签名（盖章）： 　　年　月　日	授权人声明	本单位（本人）现授权＿＿＿＿为本纳税人的代理申报人，其电话为＿＿＿＿。任何与申报有关的往来文件，都可寄此代理机构。授权人签名（盖章）： 　　年　月　日	代理人声明	本纳税申报表按照国家税法和税务机关有关规定填报，我确信它是真实的、合法的。如有不实，我愿承担法律责任。代理人（法定代表人）签名： 　　年　月　日	特别声明	本单位（本人）同意按照税务机关登记的本单位（本人）车辆信息申报纳税。纳税人（法定代表人）签名： 　　年　月　日

填表人：　　　受理税务机关（盖章）：　　　受理录入日期：　　　受理录入人：

填表说明：

一、纳税人所有或管理的车船若有新增、过户、报废、丢失等情况，应先办理相应的登记（包括变更和注销登记）手续后，再办理纳税申报。在办理上述手续前，若存在欠缴税款，则首先应清缴相应的欠税，再办理登记、申报手续。

二、缴纳车船税的有关规定。

（一）车辆应纳税额的确定。

1. ①乘用车依排量从小到大递增税额；②商用车客车按核定载客人数20人以下和20人（含）以上两档划分，递增税额；商用车货车按整备质量每吨96元计算；③挂车按整备质量每吨48元；④其他车辆（专用作业车，轮式专用机械车）按整备质量每吨96元计算；⑤摩托车按每辆36元计算。

2. 发动机排气量应按照国家税务总局发〔2011〕712号文的要求，以如下凭证上相关项目所载数额为准：①《机动车登记证书》；②《机动车行驶证》；③《车辆出厂合格证明》；④《车辆进口凭证》。

（二）船舶应纳税额的确定。

机动船舶按净吨位每吨计算（拖船按照发动机功率1千瓦折合净吨位0.67吨计算征税）；游艇按长度每米计算。

三、新购置的机动车船，所有人或者管理人应从管理部门核发《机动车登记证书》/《船舶所有权登记证书》和《船舶国籍证书》之日起30日内/当年内向所在地的区地方税务局（税务所）申报，办理纳税或减免税手续。

四、纳税人超过规定期限办理纳税申报的，将按《中华人民共和国税收征收管理法》的有关规定进行处罚。

五、纳税人未按照规定期限缴纳税款的，将按《中华人民共和国税收征收管理法》第三十二条的规定，从税款滞纳之日起，按日加收滞纳税款万分之五的滞纳金。

六、车船税适用税额如表8-6所示。

举一反三（练一练/练习题）

（1）根据【案例8-7】资料填制车船税纳税申报表（见表8-7）。

（2）某企业本年度拥有整备质量为4吨的货车和排气量为1.5升的小轿车各一辆。货车适用税率为每吨100元，小轿车适用税率为每辆400元。

要求：

1）计算本年度应纳车船税额。

2）写出申报应纳车船税的会计分录。

实习手册

武强下班后，将今天的实习内容登记在自己的实习手册中。

实习手册

项　目	记录内容
1. 车船税的纳税人和征税范围是什么	
2. 车船税的计税依据是什么	
3. 车船税采用的是什么税率	
4. 车船税的应纳税额是如何计算的	

记录人：　　　　　　　　　　　　　时间：　　　年　　月　　日

任务五　印花税

知识链接

一、印花税的计算与会计处理

（一）印花税的征税范围

印花税是对经济活动和经济交往中书立、领受具有法律效力的凭证的行为所征收的一种税。征税范围包括：

（1）订立经济合同。

（2）书立产权转移书据。

（3）设立营业账簿。

（4）领受权利许可证照（包括房屋产权证、工商营业执照、商标注册证、专利证和土地使用证）。

（二）印花税的纳税人

（1）订立经济合同各方。

（2）书立产权转移书据各方。

（3）设立营业账簿的单位和个人。

（4）权利许可证照的领证照人。

（三）印花税的计税依据

（1）订立经济合同、书立产权转移书据：为合同、书据所载金额。

（2）设立营业账簿（建新账）。

1）记载资金的账簿（总分类账）：为实收资本、资本公积两账户余额之和；

2）其他账簿（明细账、日记账）：为账簿册数。

（3）领权利许可证照：为证照件数。

（四）印花税的税率

印花税的税率有比例税率和定额税率两种。

印花税的税目税率如表 8 - 8 所示。

表 8 - 8　印花税税目税率表

序号	税目	范围	税率	纳税人	说明
1	购销合同	包括供应、预购、采购、购销、结合及协作、调剂等合同	按购销金额 0.3‰贴花	立合同人	
2	加工承揽合同	包括加工、定做、修缮、修理、印刷广告、测绘、测试等合同	按加工或承揽收入0.5‰贴花	立合同人	
3	建设工程勘察设计合同	包括勘察、设计合同	按收取费用 0.5‰贴花	立合同人	
4	建筑安装工程承包合同	包括建筑、安装工程承包合同	按承包金额 0.3‰贴花	立合同人	
5	财产租赁合同	包括租赁房屋、船舶、飞机、机动车辆、机械、器具、设备等合同	按租赁金额 1‰贴花税额不足 1 元，按 1 元贴花	立合同人	
6	货物运输合同	包括民用航空运输、铁路运输、海上运输、联运合同	按运输费用 0.5‰贴花	立合同人	单据作为合同使用的，按合同贴花
7	仓储保管合同	包括仓储、保管合同	按仓储保管费用 1‰贴花	立合同人	仓单或栈单作为合同使用的，按合同贴花
8	借款合同	银行及其他金融组织和借款人	按借款金额 0.05‰贴花	立合同人	单据作为合同使用的，按合同贴花
9	财产保险合同	包括财产、责任、保证、信用等保险合同	按保险费收入 1‰贴花	立合同人	单据作为合同使用的，按合同贴花
10	技术合同	包括技术开发、转让、咨询、服务等合同	按所载金额 0.3‰贴花	立合同人	
11	产权转移书据	包括财产所有权、版权、商标专用权、专利权、专有技术使用权、土地使用权出让合同、商品房销售合同等	按所载金额 0.5‰贴花	立据人	
12	营业账簿	生产、经营用账册	记载资金的账簿，按实收资本和资本公积的合计金额 0.5‰贴花其他账簿按件计税5 元/件	立账簿人	
13	权利、许可证照	包括政府部门发给的房屋产权证、工商营业执照、商标注册证、专利证、土地使用证	按件贴花 5 元	领受人	

（五）印花税的计算

1. 订立经济合同、书立产权转移书据

应纳印花税 = 合同、书据所载金额 × 适用比例税率

实际中，合同印花税可按销售收入的一定比例作为合同金额。

2. 设立营业账簿

（1）记载资金的账簿：

应纳印花税 = （实收资本 + 资本公积）× 0.5‰

（2）其他账簿：

应纳印花税 = 册数 × 5 元/册

3. 领权利许可证照

应纳印花税 = 证照件数 × 5 元/件

【案例8－8】

大华工贸有限公司，2013 年全年订立购销合同总金额为 3000000 元；建立当年新账簿 10 本，其中总分类账中，实收资本、资本公积两账户余额之和为 5000000 元；购买房屋一间，购房合同载明房屋购价 100000 元，领取房产证一件。

要求：计算企业本月应纳印花税额。

【解析8－8】

应纳购销合同印花税 = 3000000 × 0.3‰ = 900（元）

应纳账簿印花税 = 5000000 × 0.5‰ + 9 × 5 = 2545（元）

应纳产权转移书据印花税 = 100000 × 0.5‰ = 50（元）

应纳证照印花税 = 1 × 5 = 5（元）

（六）印花税的会计处理

1. 应纳合同、账簿、证照印花税和房地产开发企业房地产销售合同印花税

借：管理费用——印花税

　　贷：银行存款

2. 应纳产权转移书据印花税

（1）转让方的会计处理。

转让方缴纳的印花税，作为转让中的一项支出。

A. 转让无形资产

借：银行存款【转让收入】

　　累计摊销【已摊销金额】

　　营业外支出【转让净损失】

贷：无形资产——×××【账面余额】

应交税费——应交营业税【转让无形资产营业税】

管理费用——印花税

营业外收入【转让净收益】

B. 转让固定资产

借：固定资产清理

贷：应交税费——营业税【销售不动产营业税】

管理费用——印花税

（2）受让方的会计处理。

受让方缴纳的印花税，计入无形资产或固定资产的购置成本。

借：无形资产或固定资产（买价＋印花税＋相关费用）

贷：银行存款

二、印花税的纳税申报

（一）纳税期限

（1）合同印花税：一般每月汇缴，按月申报缴纳。

（2）产权转移书据印花税：按次申报缴纳。

（3）账簿印花税：建新账时申报，一次性缴纳。

（4）证照印花税：领受时一次性缴纳。

（二）纳税申报表的填制

印花税的纳税申报表如表8-9所示。

表8-9 海口市地方税务局印花税年度纳税申报表

税款所属日期：2013年1月1日至12月31日　　　　单位：元（列至角分）

税务计算机代码		单位名称（公章）		联系电话
税目	份数	计税金额	税率	已纳税额
购销合同			0.3‰	
加工承揽合同			0.5‰	
建设工程勘察设计合同			0.5‰	
建筑安装工程承包合同			0.3‰	
财产租赁合同			1‰	
货物运输合同			0.5‰	
仓储保管合同			1‰	
借款合同			0.05‰	

续表

税务计算机代码		单位名称（公章）			联系电话
税目	份数	计税金额	税率		已纳税额
财产保险合同			1‰		
技术合同			0.3‰		
产权转移书据			0.5‰		
账簿　资金账簿			0.5‰		
其他账簿	件		5 元		20.00
权利许可证照	件		5 元		
其他	0		0		
合计					

注：表中应填写已完税的各印花税应税凭证份数、所载计税的金额、已完税的税额。大额缴款、贴花完税均应填写本表

填表日期：　年　月　日　　办税人员（签章）：　　财务负责人（签章）：

举一反三（练一练/练习题）

（1）根据【案例 8 - 8】资料，填制印花税纳税申报表（见表 8 - 9）。

（2）某房地产开发公司本月销售商品房合同价款共计 3500000 元；又签订商铺租赁合同两份，租金总额为 120000 元；购入土地取得土地使用证一件。

要求：

1）计算本月应纳印花税额。

2）写出申报应纳印花税的会计分录。

实习手册

武强下班后，将今天的实习内容登记在自己的实习手册中。

实习手册

项　目	记录内容
1. 印花税的纳税人和征税范围是什么	
2. 印花税的计税依据是什么	
3. 印花税采用的是什么税率	
4. 印花税的应纳税额是如何计算的	

记录人：　　　　　　　　　　　　　时间：　　年　　月　　日

任务六　城镇土地使用税

知识链接

一、城镇土地使用税的计算与会计处理

（一）城镇土地使用税的征税范围和纳税人

在城市、县城、建制镇、工矿区范围内使用土地的单位和个人为城镇土地使用税的纳税人。

（二）城镇土地使用税的计税依据

计税依据为占用土地面积（平方米）。

（三）城镇土地使用税的税率

城镇土地使用税的税率为地区差别幅度定额税率，具体适用税率由地方政府确定。

每平方米土地年税额规定如下：

（1）大城市：1.5元至30元。

（2）中等城市：1.2元至24元。

（3）小城市：0.9元至18元。

（4）县城、建制镇、工矿区：0.6元至12元。

（四）城镇土地使用税的计算

城镇土地使用税的计算方法为：

年应纳城镇土地使用税 = 占用土地面积 × 适用税率

（五）城镇土地使用税的会计处理

城镇土地使用税计入管理费用或营业税金及附加（小企业）。

借：管理费用或营业税金及附加

　　贷：应交税费——应交城镇土地使用税

二、城镇土地使用税的纳税申报

（一）纳税期限与起征时间

城镇土地使用税按年计算、分期缴纳。缴纳期限由省、自治区、直辖市人民政府确定。

新征收的土地，依照下列规定缴纳土地使用税：

（1）征收的耕地，自批准征用之日起满1年时开始缴纳土地使用税。

（2）征收的非耕地，自批准征用次月起缴纳土地使用税。

（二）纳税申报表的填制

城镇土地使用税的纳税申报表如表8－10所示。

表8－10 城镇土地使用税纳税申报表明细表

纳税人识别号：☐☐☐☐☐☐☐☐☐☐☐☐☐☐☐☐☐☐

纳税人名称（公章）：

税款所属期限：自　　年　　月　　日至　　年　　月　　日

填表日期：　　年　　月　　日　　　　　　　　　　　　　　单位：元、平方米

土地信息：

土地证号		土地增（减）年、月 *	
应税土地状态 *		土地坐落地（区、市）*	
土地坐落地（办事处或乡镇）*		土地坐落地（路或街道）*	
土地坐落地（详细地点）*			
土地总面积 *		免税土地面积 *	
应税土地面积 *			

自有土地信息：

土地等级 *		单位税额 *	

使用集体土地信息：

目前土地所有人 *			
土地等级 *		单位税额 *	

非应税土地信息：

非应税类型 *		具体原因 *	

出租土地信息：

承租人纳税识别号 *		承租人名称 *	
出租土地面积 *		年租金 *	

填表说明：

本表适用于城镇土地使用税纳税人填报，在征收大厅办理城镇土地使用税纳税申报须同纳税申报表同时填报，每宗土地填写一张明细表，带 * 为必填项。

一、应税土地状态包括三种，为自有土地、使用非流转集体土地、非纳税状态。

"自用"状态是指纳税人将同一土地用于经营的状态。对于同一处土地，如部分处于自用部分，部分处于非纳税状态，按照"自用"管理。

　　"使用集体土地"状态是指土地使用人使用尚未办理流转手续的集体土地的状态。对于同一处土地，如部分处于使用集体土地部分，部分处于非纳税状态，按照"使用集体土地"管理。

　　"非纳税"状态是指同一处土地虽在征税范围，但因法律法规的规定（包括条例性减免、备案类减免、审批类减免）全部土地在一定期限内不纳税的状态，非纳税状态土地是各类减免税土地的明细信息。

　　二、土地总面积填写企业实际占用的土地面积，包括免税土地和应税土地。全面反映企业拥有土地情况。

　　三、免税面积填写企业拥有的土地中按照条例、细则或税收规范性文件规定享受免税政策，而且无须经地方税务机关审批的部分。

　　四、应税土地面积等于土地总面积减去免税面积。

　　五、土地等级、单位税额。土地等级包括：市区一级、二级、三级、四级、五级、六级、七级，单位税额分别为：24元/平方米、14元/平方米、12元/平方米、10元/平方米、8元/平方米、6元/平方米、4元/平方米；五市一级、二级，建制镇、工矿区，单位税额分别为：6元/平方米、4元/平方米、2.4元/平方米、2.4元/平方米。

　　六、非应税类型包括条例性减免、备案性减免、审批类减免或其他。

　　七、具体原因填写享受减免税的文号。

举一反三（练一练/练习题）

　　富达机电有限公司位于小城市，占地面积50000平方米，当地政府规定的城镇土地使用税年税率为10元/平方米。

　　要求：申报上半年城镇土地使用税及填制纳税申报表（如表8-10所示）。

实习手册

　　武强下班后，将今天的实习内容登记在自己的实习手册中。

实习手册

项　目	记录内容
1. 城镇土地使用税的纳税人和征税范围是什么	
2. 城镇土地使用税的计税依据是什么	
3. 城镇土地使用税采用的是什么税率	
4. 城镇土地使用税的应纳税额是如何计算的	

记录人：　　　　　　　　　　　　　时间：　　　年　　月　　日